Ingeborg Hesse-Nowak

Das immerwährende Jetzt

Bericht über eine spirituelle Reise nach innen
mit *Willigis Jäger*

vianova
Verlag Via Nova

Ingeborg Hesse-Nowak

Das immerwährende Jetzt

Bericht über eine spirituelle Reise nach innen mit *Willigis Jäger*

vianova
Verlag Via Nova

Titelfoto: Werner Vogel

1. Auflage 2003

Verlag Via Nova, Neißer Straße 9, 36100 Petersberg
Telefon und Fax: (06 61) 6 29 73
E-Mail: info@verlag-vianova.de
Internet:
www.verlag-vianova.de
www.transpersonal.com

Satz: typo-service kliem, 97647 Neustädtles
Druck und Verarbeitung: Rindt-Druck, 36037 Fulda

ISBN 3-936486-22-0

Meinem spirituellen Lehrer

Willigis Jäger

in tiefer Dankbarkeit gewidmet.

Inhaltsverzeichnis

Danksagung

In Liebe danke ich Normann Hesse, mit dem ich seit 33 Jahren verbunden bin.

Mein tiefer Dank gilt Rosemarie Nowak, die sich mit großem Engagement diesem Manuskript widmete und es auch tippte.

Ich danke meinem Verleger, Herrn Werner Vogel vom Verlag Via Nova, für die Veröffentlichung meines Erfahrungsberichts und für seine Großzügigkeit, eines seiner wunderbaren Fotos zur Verfügung zu stellen.

Danken möchte ich allen Menschen, denen ich begegnen durfte und noch begegnen werde, für ihre Offenheit und ihre Entschlossenheit, sich dem Mysterium des Göttlichen zu öffnen.

Ein Stern

ist in Dein Herz gefallen
und fern
hörst läuten Du mit allen
Glocken
jene   S T I L L E
die Frohlocken ist und Klage:
eine Sage
ohne Wille
nur im Winken
und Entsinken –
zum Weltspiel,
draus ein Stern
fiel.

Martin Heidegger für Ingeborg Nowak 1961

Vorwort

Dies ist ein Bericht über ein spirituelle Suche, eine Art Reisebericht in innere Bewusstseinsräume. Die Erfahrungen und Erkenntnisse, die der Person „Ingeborg" geschahen, waren zwar auch mit Reisen in andere Länder verbunden, aber sie entsprangen dennoch einer „UNSICHTBARE PRÄSENZ", die ihrerseits völlig unabhängig von allem äußeren Geschehen ist.

Erst als alle „Ichvorstellungen" aufgegeben waren, stellte sich die „UNSICHTBARE PRÄSENZ" als die Quelle und Essenz dar, die durch diese Person Ingeborg in Raum und Zeit lebt.

Das Paradoxon besteht darin, etwas zu beschreiben, wo es keine Erfahrende als getrenntes „Ich" mehr gibt.

Um aber verständlich zu sein, werden die Wörter „ich", „mein", „mich" verwendet.

Ich finde es bedauerlich, dass in unserer Gegenwart nur wenig authentische Berichte über eine spirituelle „Reise" vorliegen, die unsere innere Verbundenheit im WESENTLICHEN erkennen lassen.

Der oft mühselige Prozess der SELBST-Erkenntnis entfaltet sich in diesem mysteriösen Geflecht von Raum und Zeit. Er unterscheidet sich sicher in den äußeren Geschehnissen und den damit verbundenen inneren Erfahrungen von dem anderer Menschen, und doch gibt es so etwas wie eine unsichtbare Matrix. Wir alle sind Ausdruck dieses Lebens, und es besteht nicht der geringste Zweifel, dass wir JETZT hier sind.

Wir werden geboren und sterben, und zwischen diesen beiden Polen entfaltet sich das, was wir „unser" Leben nennen.

Ob wir uns dessen bewusst sind oder nicht, uns alle verbindet insgeheim eine tiefe Sehnsucht nach ETWAS BLEIBENDEM, nach ETWAS, das größer und umfassender ist als wir selbst, nach ETWAS, dem wir zutiefst vertrauen können, wo wir zu Hause sind.

Diese tiefe Sehnsucht in uns möchte uns an etwas erinnern, das wir „vergessen“ haben. Unsere geheimsten Sehnsüchte kreisen um die Frage: „Wer bin ich eigentlich?“

Trotz aller technischen und wissenschaftlichen Fortschritte müssen wir erkennen, dass diese nicht unsere tiefe Sehnsucht nach innerem Frieden stillen können. Die genialen Erfindungen menschlichen Geistes werden weniger für friedvolle Zwecke genutzt als zur Selbstdarstellung politischer Systeme und deren lebensfeindliche Verteidigung. Einerseits will uns die Wissenschaftslobby einreden, wie sicher unser Leben ist, vor allem, wenn man über die „richtige“ Technik verfügt, andererseits herrschen weltweit Gewalt und Bedrohung auf vielen Ebenen.

Am 11. 9. 2001 flogen zwei Flugzeuge des Schreckens in die Zwillingstürme des World Trade Centers und ließen sie in wenigen Minuten in Schutt und Asche zerfallen. Ermöglicht durch die modernen Medien, konnte dieser Zerstörungsakt auch in den entferntesten Ländern gesehen werden. Wir alle waren im Entsetzen vereint, denn was sich da vor unseren ungläubigen Augen wie ein Katastrophenfilm abwickelte, war eine unleugbare Tatsache menschlichen Zerstörungswahns. Dass diese Tat auch noch aus religiösen Gründen erfolgte, ist nur ein weiteres Zeichen weltweiter geistiger Verwirrung.

Aber in der Dunkelheit von Terror und Leid verbirgt sich die Chance, aufzuwachen aus all den viel zu engen Egobezügen, aufzuwachen zum inneren Frieden und der freiwilligen Verantwortung für sich, für die Menschheit als

Ganzes und diese Erde. „Wer bin ich?“ ist die zentrale Frage für jeden Menschen. Die Antwort zu finden muss aber aus dem eigenen Inneren kommen und kann nicht von außen erzwungen werden.

Aber immer mehr Menschen machen sich auf die Suche nach Gott, nach der Ewigen Wahrheit, nach Buddha, nach Erleuchtung, wollen die Aussagen der Religionen von innen erfahren.

Viele haben mystische Erfahrungen und können sie nicht einordnen.

Möge dieser Bericht eine Ermunterung für die eigene spirituelle Suche sein.

Kindheit und Flucht 1945

Ich wurde in eine Zeit geboren, die der heutigen sehr ähnlich ist, nur hatten die damaligen Waffensysteme noch nicht die Kraft globaler Zerstörung.

Wie sehr viele Menschen – damals wie heute – war mein Vater arbeitslos. Meine Mutter ging putzen, um unseren Lebensunterhalt mehr schlecht als recht zu verdienen. Oft hungerten wir; dann weinte ich, was meine Eltern schier verzweifeln ließ. Die tagtägliche existentielle Not drohte uns alle zu ersticken, und doch „zauberte" meine Mutter manchmal und bereitete aus den wenigen Zutaten einen wunderbaren Kuchen. Dann kehrte Gemütlichkeit ein, und für kurze Momente war die bittere Not vergessen. Wenn meine Mutter zum Putzen war, fühlte ich mich verlassen, obwohl mein Vater anwesend war, und doch war er für mich irgendwie nicht erreichbar. Oft waren fremde Männer in unserer Kellerwohnung, und es fanden hitzige Debatten statt. Wenn meine Mutter dann zurückkam, war alles vergessen, und ich fühlte mich geborgen.

Einmal hat mir mein Vater eine Holzpuppe geschnitzt, da habe ich vor Freude getanzt.

Als ich zwei Jahre alt war, bekam ich eine Schwester. Ich war total begeistert.

Als ich etwa vier Jahre alt war, nahm mich meine Mutter mit zum Friedhof. Sie liebte Bäume und übertrug diese Liebe auch auf mich. Am meisten beeindruckten mich die Lebensbäume. Als wir am Grab ihrer Mutter standen, einer Frau, die ich nie gekannt habe, weinte sie. Ich weinte gleich mit, aber ich konnte nicht glauben, dass meine Oma für immer in diesem Grab sein sollte. Also sagte ich zu ihr: „Nicht weinen, Oma ist doch nicht hier im Grab." Meine

Mutter war sehr überrascht, lachte mich dann aber wegen meiner Phantasien aus. Das hat mich tief verletzt, und ich beschloss, meine „Sicht“ der Dinge nicht mehr mitzuteilen, so betroffen war ich.

Später, in der Pubertät, schrieb ich Tagebücher, und da fanden dann alle meine Gedanken und Wahrnehmungen ihren ungefährdeten Platz. Aus heutiger Sicht glaube ich, dass dieses Tagebuchschreiben wichtig für meine psychische Gesundheit war. Es war zugleich ein Ventil, mir meiner Gedanken und Gefühle bewusst zu werden, auch wenn mir das erst später klar wurde.

Als ich sieben Jahre alt war, bekam ich noch eine Schwester. Ich verliebte mich sofort in das winzige Baby. Aber um die Hausgeburt wurde ein Geheimnis gemacht. Weder die Hebamme, noch mein Vater, der mit mir vor der Tür wartete, antworteten auf meine vielen Fragen. Ich war sehr verunsichert und frustriert und verstand die Erwachsenen überhaupt nicht. Ich fühlte mich ausgeschlossen aus der Welt der Erwachsenen, und das machte mich traurig.

Dann kam das Jahr 1945. Deutschland hatte seinen Krieg verloren, und es kam zur Massenflucht aus dem heutigen Tschechien, das zwischen den amerikanischen und russischen Befreiern aufgeteilt wurde. Täglich geschahen irgendwelche Massaker an Deutschen.

Mein Vater kehrte schwerverletzt aus dem Krieg zurück. Als er sich etwas erholt hatte, zogen wir los, um in den amerikanischen Sektor zu gelangen, was aber offiziell verboten war. So verließen wir die Gegend um Karlsbad und gingen zu Fuß nach Westen. Meine Eltern trugen Rucksäcke, und wir Kinder kleine Beutel mit etwas Kleidung.

Es war ein heißer Sommertag, als wir plötzlich der russischen Patrouille in die Hände fielen. Ein junger russischer

Soldat richtete sein Gewehr auf mich. Ich erstarrte augenblicklich vor Angst und umklammerte die Hand meines Vaters. Ich konnte vor Angst weder schreien, noch mich bewegen. Damals wurde schnell auf Menschen geschossen, und daran hat sich bis heute in den Kriegsgebieten ja nichts verändert! Zum Glück sprach mein Vater etwas russisch. Er erkundigte sich nach der russischen Kommandostelle, die wir zum Schein aufsuchen wollten. Der junge Soldat zeigte uns die Richtung, ohne uns aber zu begleiten. Als wir aus seiner Sichtweite waren, befahl unser Vater, schnell auf dem Bauch durch ein angrenzendes Roggenfeld zu kriechen und keinesfalls aufzustehen falls geschossen würde.

Mein Vater kroch voran, dann folgten meine Schwester und ich und schließlich meine Mutter, die die Jüngste trug. Es war gespenstisch, und wir wagten vor Angst kaum zu atmen. Erst als wir das Dickicht des angrenzenden Waldes erreichten, konnten wir uns setzen. Wir sanken auf den weichen Waldboden. Mein Vater zitterte am ganzen Körper vor Anspannung, und wir alle weinten still vor uns hin. Nach einer längeren Ruhepause gingen wir tiefer in den Wald. Mein Vater hatte einen Kompass, er wies uns den Weg weiter in den Westen; wir waren bereits auf amerikanisch besetztem Gebiet. Tief im Wald fanden wir eine Art Mulde. Dort ließen wir uns nieder, tranken Tee aus der Thermosflasche und aßen Brot dazu. Zunächst einmal waren wir in Sicherheit. Wir wickelten uns in unsere Jacken und legten uns eng aneinander geschmiegt auf die Erde zum Schlafen. Ringsum standen Tannenbäume, die eine Art Schutzwall um uns bildeten.

Ich konnte trotz enormer Müdigkeit nicht einschlafen. Noch immer fühlte ich eine namenlose Angst, und doch gab es da eine geheimnisvolle „dunkle Kraft“, die uns zu beschützen schien. Ich hatte nicht die geringste Ahnung, worum es sich dabei handelte. Ich konnte auch gar nicht darüber nachdenken. Aber da war etwas, das sich wie ein geheimnisvoller Schutz anfühlte, und so löste sich meine Angst allmählich auf, und ich schlief ein.

Erste Begegnung mit dem Christentum Aufnahme in die römisch-katholische Kirche

Ich kann nicht glauben, daß der kleine Tod,
dem wir doch täglich übern Scheitel schauen,
uns eine Sorge bleibt und eine Not.
Ich kann nicht glauben, daß er ernsthaft droht;
ich lebe noch, ich habe Zeit zu bauen:
mein Blut ist länger als die Rosen rot.

Rainer Maria Rilke

Was Rilke hier ausdrückt, betrifft uns alle. Wir haben vor unserer Flucht so viele Gräueltaten und entsetzliche Massaker an Menschen gesehen und teilweise miterlebt, dass nur jener, von Rilke beschriebene Glaube verhinderte, nicht sofort zu sterben. Zu diesem Zeitpunkt glaubte und vertraute ich allerdings alleine der Intelligenz und der raschen Handlungsfähigkeit meines Vaters und der Fürsorge meiner Mutter.

Wie fühle ich mit den Flüchtlingen in der Gegenwart! Allerdings habe ich nie erlebt, dass meine Eltern Zuflucht zu einer übergeordneten Kraft suchten. Das Wort GOTT war mir völlig fremd, so unglaublich das auch klingen mag.

Ob sich meine Eltern wirklich nur auf ihre eigene Kraft verließen, weiß ich nicht, weil darüber damals nicht gesprochen wurde. Eigenartigerweise war in mir aber eine Ahnung von einer Art Schutzmacht, eine „dunkle, mysteriöse Kraft“. Aber diese Ahnung behielt ich lieber für mich...

Manchmal saß ich unter einem Baum, lehnte an seinem Stamm, hörte den Vögeln zu und lauschte dem Wispern der Baumkronen, wenn der Wind durch ihre Zweige strich. Die Sonne schien, irgendwo summten Bienen, und dann war ich rundherum glücklich. Das Leben war schön! Solche Stunden, während der Flucht, waren wie Oasen, Inseln der Freude und des Friedens inmitten eines reißenden Stromes ständiger Ungewissheiten und Sorgen.

Immer wieder fanden wir einen Bauernhof, auf dem meine Eltern mitarbeiten konnten. Damit hatten wir für eine Weile Unterkunft und Nahrung. Immer wieder trafen wir auf hilfsbereite und warmherzige Menschen, die uns etwas schenkten, Anteilnahme, ein Stück Brot, ein Kleidungsstück.

Die Flucht endete nach vier Monaten in einem großen Dorf in der Oberpfalz. Hier begann mein Vater eine Ausbildung bei der Grenzschutzpolizei. Bald hatte er ein regelmäßiges Einkommen, und wir erhielten eine kleine Wohnung.

Es schien, als hätten wir eine neue Heimat gefunden.

Unter uns Kindern gab es keine Schwierigkeiten mit den „Einheimischen". Aber es gab auch Ablehnung und Argwohn. „Flüchtlinge" wurde zu einem Schimpfwort für Menschen, von deren Herkunft man nur vage oder gar keine Vorstellungen hatte. Vor allem waren diese Flüchtlinge alle besitzlos, was man sonst nur von Zigeunern kannte. Es bestand ein deutliches Misstrauen gegenüber uns Neuen und Unbekannten. Manchmal war es verbunden mit heimlicher oder offener Verachtung für uns Habenichtse. Dies alles erzeugte in mir ein tiefes Minderwertigkeitsgefühl, das mich lange in meinem Leben begleiten sollte.

Indes führte mich das Leben zu einem Ereignis, das einerseits meine Ahnungen von einer „mysteriösen Kraft" bestätigte, andererseits mich zutiefst erschütterte.

Das Geheimnis der „mysteriösen, dunklen Kraft“ hat einen Namen: GOTT

Wir wohnten an der Peripherie des Dorfes, in der Nähe eines Flüchtlingslagers. Die Menschen waren mit dem Aufbau von zerstörten Gebäuden beschäftigt, auch die Schule musste repariert werden. So hatten wir Kinder viel Freizeit.

Am Sonntag läuteten die Glocken von einem Gebäude, das meine Mutter als Kirche bezeichnete. Was in der Kirche stattfand, wurde mir nicht erklärt, und das erweckte natürlich meine Neugierde. Ich beschloss, das Geheimnis dieses Hauses zu erforschen. An einem Werktag öffnete ich mutig die schwere Holztüre, unsicher, ob ich da eintreten dürfe.

Im Innern standen viele Holzbänke, und vorne links befand sich ein Bild, auf dem eine wunderschöne Frau mit einem Kind im Arm dargestellt war. Darunter brannten viele Kerzen. Ich schlich langsam näher und beobachtete ein altes Weiblein, das Geld in ein Gefäß steckte und eine kleine Kerze entzündete. Dann faltete sie die Hände. Mein Herz pochte so laut, dass ich fürchtete, entdeckt zu werden, und so blieb ich einfach stehen. Nach einer Weile erhob sich die Frau, und da sah sie mich. Ich muss sie wohl mit großen Augen angesehen haben, denn sie flüsterte sehr freundlich zu mir: „Du kannst auch zur Mutter Gottes Maria beten und zum Jesuskind, sie helfen allen Menschen in Not.“ Ich war so tief berührt und überrascht, dass ich mich erst einmal hinsetzen musste.

Es gab also „Gott“, wer oder was immer er auch war. Und dann war da Maria, diese schöne Gottesmutter, und das Jesuskind. Ich war tief verwirrt. Wer war diese Familie, und wieso konnte man sie um Hilfe bitten? Warum wussten meine Eltern nichts davon? Aber: Wer und wo ist Gott? Langsam ging ich weiter nach vorne. Da stand eine Art

Tisch mit einem dicken Buch darauf und zwei großen Kerzen sowie einem großen Blumenstrauß. Dahinter befand sich ein Holzkreuz, und daran hing die geschnitzte Figur eines Menschen. Er trug eine Dornenkrone, sein Gesicht war schmerzverzerrt, die Augen geschlossen. Seine Hände und Füße waren von Nägeln durchbohrt. Auf der linken Seite seines nackten Oberkörper klaffte eine blutende Wunde.

Ich war völlig erstarrt und von tiefem Entsetzen wie gelähmt. Grässliche Bilder von verstümmelten Menschen am Ende des Krieges tauchten auf. Die Todesängste meines so jungen Lebens waren in einer Schärfe da, wie damals, als der junge russische Soldat sein Gewehr auf mich richtete ...

Was hatte dies alles zu bedeuten? Ich wollte nur noch weg von diesem entsetzlichen Kreuz.

In meiner Verwirrung ging ich auf die andere Seite der Kirche. In diesem Augenblick fielen Sonnenstrahlen auf ein Bild von solch erhabener Schönheit, dass aller eben noch erlebte Schrecken von mir abfiel und einem großen Staunen wich. Ich sah eine leuchtende Figur, die von lieblichen Wesen mit Flügeln in einen hellblauen, lichtdurchfluteten Himmel getragen wurde. Ich war völlig hingerissen von dieser Darstellung und fühlte eine ungeahnte Sehnsucht nach diesem mir unbekannten, so lichtvollen Wesen. Zugleich war da tiefer Frieden. Etwas in mir „wusste“, dazu gehöre ich, dies alles hat etwas mit der „dunklen mysteriösen Kraft“ zu tun, die ich ja schon erahnt hatte...

Ich war sehr, sehr glücklich und wusste nicht warum, aber das spielte nicht die geringste Rolle.

Dies war meine erste Begegnung mit dem Christentum.

Meine Schwestern und ich wurden nachträglich getauft, und einschließlich meiner Eltern waren wir nun Mitglieder

der katholischen Kirche. Mein Vater hatte damit Schwierigkeiten, vor allem später, als ich ihm zu katholisch wurde. Er schien an nichts zu glauben und hielt sich deshalb für sehr fortschrittlich. Ich aber hatte ein „Zuhause" gefunden. Daran änderten alle späteren hitzigen Diskussionen mit meinem Vater nichts. Für ihn war Religion so etwas wie Opium fürs Volk. Am Sonntag besuchte ich regelmäßig das Hochamt und zusätzlich abends eine Gebetsstunde. Dieser Glaube an einen jenseitigen Gott, dessen Gnade man sich verdienen musste, begleitete mich durch die gesamte Schulzeit. Obwohl ich in meinem religiösen Eifer von meinem Religionslehrer sehr gelobt wurde, blockte er doch meine Fragen ab und verwies mich, weniger zu fragen, dafür einfach zu glauben. Aber schon früh konnte ich keineswegs an die ewige Hölle glauben, und den jenseitigen Himmel konnte ich mir auch nicht vorstellen. Die ungeheure metaphysische Schuld der armen Sünderin, die erst durch den Tod von Jesus Christus von der Sünde befreit werden konnte, belastete mich, und zugleich waren da Zweifel.

Aber alle Zweifel und Fragen wurden abgeblockt, auch später von anderen Theologen, und immer wurde ich angehalten, blind zu glauben. Diese enorme Kluft zwischen dem fernen Gott und mir armen Sünderlein hier auf der Erde vertiefte sich im Laufe der Jahre.

Mich faszinierten die Aussagen Jesu, wie etwa „ICH bin der Weg, die Wahrheit und das Leben", aber ich fühlte mich zutiefst getrennt von dieser Wahrheit. Von Theologen bekam ich keine Hilfe; die wunderten sich sogar, dass ich Gott nahe sein wollte ...

Inzwischen hatte ich ein Medizinstudium absolviert und in Freiburg an einer Universitätsklinik eine Anstellung gefunden.

Die Nacht- und Sonntagsdienste konnte man nur als barbarisch bezeichnen, weil es immer sehr viel zu tun gab, und am nächsten Tag ging die Arbeit weiter, als hätte man frei gehabt. Wir alle gerieten immer wieder an die Grenzen unserer psycho-physischen Belastbarkeit. Aber niemanden schien das zu interessieren. Wenn es gelang, Leben zu retten und dem allgegenwärtigen Tod ein Schnippchen zu schlagen, war jede Müdigkeit verschwunden. Insgeheim waren wir stolz auf die Fortschritte in der Medizin, und für meine damalige Wissenschaftsgläubigkeit schien es kein Ende des Fortschritts zu geben. Ich liebte meinen Beruf.

Die Kluft zwischen Gott und mir wurde tiefer. Ich gehörte zu einer „wilden" Clique, die Nietzsche und Sartre verehrte. Insgeheim „überhörte" ich meine Sehnsucht nach Gott. Ich malte in meiner Freizeit Bilder, da mich Farben faszinierten, schrieb Gedichte, auch Gebete, aber Gott war dennoch ferne.

In der Freizeit liefen wir im Winter Ski und wanderten im Sommer. Wir verdienten alle sehr wenig, was unsere Lebensfreude aber nicht schmälerte. Manchmal bekamen wir von Patienten eine Flasche Wein geschenkt, und es fand sich immer ein Grund, gemeinsam zu feiern.

Es war eine sehr arbeitsreiche Zeit, voller Freude und vieler Glücksmomente.

Tagebuch schrieb ich weiter, und da versuchte ich, Gott näher zu kommen. Aber die Kluft blieb bestehen.

Offensichtlich fand eine religiöse Entfremdung statt; eigentlich gegen meinen Willen, aber ich fühlte mich ohnmächtig in diesem Geschehen. Ich konnte nicht mehr blind glauben.

Begegnung mit dem Philosophen Martin Heidegger in Freiburg

Weg und Waage
Steg und Sage
Finden sich in einem Gang.
Geh und trage
Fehl und Frage
Deinen einen Pfad entlang.

Martin Heidegger

Eines Tages schenkte mir ein Freund ein schmales Büchlein von dem Philosophen Martin Heidegger. Der Titel: „Aus der Erfahrung des Denkens", herausgegeben von Günther Neske in Pfullingen. Ich liebte dieses Buch und andere Schriften von Heidegger wie „Der Feldweg" und „Holzwege". Immer wenn ich darin las, überkam mich eine große innere Ruhe. Jetzt eröffnete sich eine ganz andere Welt für mich, die Welt des Seins.

Als ich Heidegger persönlich kennen lernte, hatte er seinen Lehrstuhl für Philosophie an der Universität aufgegeben, und ich freute mich, ihm in seinem Haus zu begegnen. Unsere Gespräche kreisten immer um das „Sein", was für mich nicht einfach war, da ich keine Philosophin bin. Trotzdem ließ mich Heidegger das nicht spüren. Seine Sprache war ganz klar. Er verstand meine Glaubenszweifel sehr gut. Er meinte, ich müsste lernen, „hinter" das Dogma zu schauen. Er interessierte sich für die moderne Medizin, und da konnte dann ich berichten. Gelegentlich zeigte er mir auch seine Einsamkeit und Betroffenheit, die sein Ruhm und Vorwürfe bezüglich seiner Einstellung zum Hitlerreich mit sich brachten. Da er sich für meine Malerei interessierte, schickte ich ihm ein Bild in leuchtenden Farben, es zeigte Klatschmohnblüten. Ich hatte es mit japanischer Kreide gemalt. Einige Zeit danach schickte er mir dazu ein wunderbares Gedicht. Ich war völlig überrascht. Im Laufe unserer Begegnungen schrieb er noch zwei Gedichte für mich, die bis heute Inspiration in meinem Leben sind.

Damals fuhr ich am Wochenende oft auf den „Schauinsland“, den Hausberg von Freiburg. Oben hatte man einen wunderbaren Blick in die Ferne. Da konnte ich sitzen, ohne Gedanken, einfach schauen und atmen, alles geschah ganz absichtslos, und ich liebte diese Stille.

Heidegger ermutigte mich zu diesem Rückzug, denn ich hätte „die Spur zur heilen Stille gefunden ...“. Allerdings sollte es viele Jahre dauern, bis ich seine Aussage in ihrer vollen Tiefe verstand.

Aber die Momente wunderbarer Stille ließen sich nicht festhalten, und dann tauchten die alten Fragen der Vergangenheit auf. Ich suchte nach der Sinnhaftigkeit meiner Existenz.... aber wusste ich wirklich, was ich suchte? Indes sollte ich in meinem ärztlichen Selbstverständnis tief erschüttert werden.

Begegnung mit dem Tod
Alltag im Arztberuf

„Wer, wenn ich schrie, hörte mich denn
hörte mich denn aus der Engel Ordnungen?“

Rainer Maria Rilke

Im ärztlichen Beruf ist auf einer Station mit schwerkranken Krebspatienten das Sterben ungeliebter, bitterer Alltag. Und doch konnte niemand fliehen ... Es gibt Schmerzmittel, um den körperlichen Leidensdruck zu mildern, es gibt Anteilnahme, aber nur selten Gespräche über das Sterben, den Tod. Das ist ein riesiges Tabuthema, und noch immer fehlt es an einer qualifizierten Ausbildung in Sterbebegleitung. Damals hat man die eigene Hilflosigkeit hinter Transfusionen und Infusionen, verbunden mit tröstenden Worten, versteckt. Ich kenne nicht den neuesten Stand in den deutschen Krankenhäusern.

Ich betreute damals eine 43 Jahre alte Frau, die seit einem halben Jahr auf unserer Station lag. Sie war an beidseitigem Eierstockkrebs operiert und mehrfach nachbestrahlt. Sie fühlte sich bei uns auf der Station einigermaßen wohl und wollte nicht verlegt werden.

Vor ihrem Krankenzimmer stand eine alte Kastanie, die jetzt verschwenderisch blühte. Luzie, so hieß die Frau, liebte diesen Baum, und manchmal schauten wir zusammen auf diese Pracht. Luzie wollte nicht mehr über ihre Krankheit sprechen. Eines Abends fragte sie mich, ob ich an Gott glaube ... Da hatte sie mich erwischt! Ich erzählte ihr von meinen Zweifeln über das vermittelte Gottesbild und auch von meiner Sehnsucht, diesem fernen Gott irgendwie näher zu kommen. Sie wünschte sich von Gott die Kraft, mit allem einverstanden zu sein, egal, was die Zukunft bringen würde. Es waren gute Gespräche zwischen zwei Menschen, die beide unter dem „fernen“ Gott litten. Luzies Entlassung stand bevor, es ging ihr ganz gut, therapeutisch war zunächst alles getan. Dann bekam sie plötzlich völlig überraschend einen Darmverschluss und musste in die Chirurgie verlegt werden. Ich versprach ihr, sie möglichst oft zu besuchen. Innerhalb von drei Tagen verschlechterte sich ihr Zustand dramatisch. Die Chirurgen baten um mein sofortiges Kommen, weil sie im Sterben läge. Ich fuhr sofort los, während mir unentwegt die Tränen über die Wangen liefen und ich mit Gott haderte. „Warum, warum nur?“ schrie ich im Auto, und es war eine Mischung aus Zorn und Enttäuschung, dass all unser therapeutisches Tun vergeblich war. Ich fühlte mich total hilflos. Wie sollte ich sie trösten? Was ihr jetzt sagen?

So saß ich einfach stumm an ihrem Bett, weil mir nichts einfiel, und ich streichelte ihre mageren Hände. Erst nach einer Weile konnte ich sie ansehen: Sie lächelte!! „Ich bin doch mit allem einverstanden“, flüsterte sie. „Wir waren doch ein so gutes Team. Manchmal sahen Sie so müde aus, wenn Sie mir eine gute Nacht wünschten. Danke für alles.“ Ich war völlig überrascht, hielt einfach weiter ihre Hand, sah sie an ... Da gab es einen Moment großer Nähe und tiefen Friedens, da war einfach Liebe, nichts war wichtig, nichts hatte jemals wirklich eine Rolle gespielt, da war einfach Stille und Friede ... In diesem zeitlosen Mysterium schien sie sich irgendwie zu entfernen und ließ einen friedlich ausschauenden Körper zurück... Ich fühlte große Dankbarkeit, war von allem tief berührt, nur mein Verstand war verwirrt. Als die Stationsschwester hereinkam, stand ich auf und verließ das Zimmer.

Draußen schien die Sonne, die Vögel sangen, alles stimmte irgendwie auf geheimnisvolle Weise.

Aber dieses friedvolle Staunen verging, und in mir brannte die entsetzliche Erkenntnis, überhaupt nichts vom Geheimnis des Lebens und Sterbens zu wissen. Alles angelernte Wissen war nur Stückwerk, das nirgendwohin führte.

Ein Wissen und Handeln, das immer nur die physische und psychische Ebene betraf, aber nie das Wesentliche! Die Erkenntnis war demütigend und niederschmetternd. Aber, was war das Wesentliche? Ich hatte oft für Luzie gebetet, aber in ihrem Sterben hat sie mich getröstet, hat meine Hilflosigkeit einfach übersehen ...

Wenn die Nacht kommt und auch du dunkel bist,
lege dich nieder und sei willentlich dunkel.
Und wenn der Morgen kommt und
du noch immer dunkel bist,
stehe auf und sage dem Tag mit Willen:
„ich bin noch dunkel“,
es ist dumm, mit der Nacht und dem Tag
eine Rolle zu spielen.
Beide würden dich auslachen.

Khalil Gibran

Was wußte ich wirklich über Leben und Tod, über Gesundheit und Krankheit? Wir Ärzte starren gebannt auf die bösen Viren und Bakterien, und alles, was unser Verständnis von Gesundheit bedroht, wird bekämpft. Es gibt von der Weltgesundheitsbehörde einen langen Katalog, was alles zur Gesundheit gehört, demnach ist sie etwas sehr Seltenes. Im Kampf gegen die Krankheiten bilden

Ärzte und Patienten eine geheime Verschwörung, es muss alles unternommen werden, um die physische Gesundheit wiederherzustellen. Die Psychologen haben ihre eigenen Vorstellungen von einer gesunden und kranken Psyche, da gibt es fließende Übergänge. In einem sind wir uns alle einig: Wir alle wollen gesund sein und es auch bleiben. Immer neue Therapieformen entstehen, alte werden neu entdeckt. In unserer hochtechnisierten Gegenwart gibt es ein Überangebot an Therapien und Gesundheitsprogrammen, danach dürfte es kaum noch Kranke geben. Aber die Wirklichkeit sieht anders aus. Alle Gesundheitsideologien sind eben Ideologien, die uns helfen sollen, nicht in den bodenlosen Abgrund unserer menschlichen Existenz zu schauen.

Aber in meinem Beruf ist der Tod immer gegenwärtig. Manchmal ist sein Erscheinen Erlösung aus langem Siechtum, meist aber kommt er ungebeten und ist völlig unerwünscht. Der Tod aber lacht über unser törichtes Verhalten. Er hat seine eigene, rechte Zeit und dann duldet er keine Verzögerung. JETZT wird der Mensch ehrlich, der Sterbende braucht nichts mehr zu verbergen, und die Angehörigen werden mit ihrer eigenen Angst konfrontiert.

WAS ist der TOD ? Ist er ein Geburtsprozess in ein unsichtbares SEIN? Die Religionen sagen, wir werden dann Gott schauen.

Die sterbende Luzie hatte gelächelt. Das hat zutiefst mein Herz berührt, und das Staunen, das mich ergriff, ließ mich den Frieden spüren, den sie ausstrahlte. Etwas Unbeschreibbares hatte sich offenbart, etwas Strahlendes, Lichtvolles hatte jede Furcht vor dem Tod vertrieben und dehnte sich als Frieden aus. Da war tiefer Frieden und tiefe Liebe. In dieser endlosen Weite taucht unvermeidbar wieder das Ego auf und legte sich wie ein graues Tuch auf all das Leuchtende. Gleichzeitig war da die Erkenntnis, dass nur das Ich ständig fragt, immerzu zwischen allen möglichen Aktivitäten und Ruhe hin und her pendelt und dabei ständig um sich selbst besorgt ist. Dieses konfliktgeladene Ego, im Chaos zwischen Denken und Fühlen, wurde sich immer bewusster der Brüchigkeit seiner Existenz und war daher auf der Suche nach dem „UNWANDELBAREN“, nach einem umfassenderen Bewusstsein, war auf der Suche nach jenem fernen Gott, über den doch niemand wirklich etwas sagen konnte.

Im Polarisationsfeld von Verstand und Gefühlen gibt es harmonische und disharmonische Energien. Unser physischer Körper ist diesen Energien ausgesetzt und reagiert daher darauf.

Mir war, als würde ich seit Jahren immer nur im Kreis herumschwimmen, im Meer des „gewöhnlichen“ Tagesbewusstseins mit all dem erlernten Wissen, mit all den mentalen Strukturen und Fixierungen und emotionalen Fesseln. Alles hinderte mich am „wirklichen“ Sehen. Ich fühlte den tiefen, kreatürlichen Schmerz der Isoliertheit, der Absonderung von etwas Umfassenderem. Ich war gesund, aber nicht heil, weil mir etwas Wesentliches zu fehlen schien.

Eigentlich hatte ich jeden Grund, mit meinem Leben zufrieden zu sein. Ich war auch dankbar dafür, aber der Gott meiner Kindheit und Jugend war verschwunden und hinterließ ein großes Vakuum. Hinter allen Gottesvorstellungen musste es eine unveränderbare Wahrheit geben, die es zu finden galt. Etwas in mir wusste um die tiefe Wahrheit in den Aussagen von Jesus, und gleichzeitig wich mein Ego, dieses Konglomerat von Ich-Gedanken, Ich-Wünschen und persönlichen Vorstellungen, die dem Körper innewohnten, dieses Ego wich gleichzeitig zurück vor dem, wonach es sich sehnte ... Keinesfalls wollte ich meine Identität aufgeben oder diese „Ich-Struktur“ auflösen lassen.

Eigentlich wollte ich dieses bedürftige Kind bleiben, das ständig seine Arme nach Gott ausstreckte, um irgendwelche Wünsche erfüllt zu bekommen. Diese Abhängigkeit war vertraut, während das Unbekannte, das total Ungewusste, Angst in mir auslösten. Ich erkannte in mir sehr klar diesen Konflikt und wusste doch nicht, wie dieses Dilemma zu lösen wäre. Mein Verstand erzeugte immer wieder Ängste, dass mit mir etwas nicht stimmen würde. Ich war eine Gefangene des Verstandes und der Emotionen, und daher liefen alle Reaktionen irgendwie mechanisch ab. Immer nach denselben vertrauten Mustern. Dasselbe beobachtete ich auch bei anderen Menschen. Alles war so mechanisch, so leblos. Ich sehnte mich danach, aus dieser psychischen Begrenzung herauszuwachsen, weiter zu werden. Ich war auf der psychischen Ebene nicht depressiv, freute mich meines Lebens, hatte einen sehr interessanten Freundeskreis, und mein Leben lag vor mir, verlockend und verheißungsvoll. Und doch gab es da jenen leisen Ruf meiner Seele. In mir brannte irgendwie eine stille Flamme, die sich nicht auslöschen ließ, um ungestört den Alltag zu genießen. Ich hatte nicht die geringste Ahnung, wohin mich dieser innere Ruf führen würde und wie ich ihm am besten folgen könnte.

Das Ganze war ein Mysterium, und zu meiner Überraschung waren meine nächsten Menschen nicht davon berührt, was wiederum die Vorstellung erzeugte, dass ich zumindest ein Sonderling wäre. Immer wieder aber erlebte ich tiefen Frieden und eine Freude, die von äußeren Begebenheiten völlig unabhängig waren – dann war da vibrierendes Lebendigsein. Ich erkannte, dass wir alle automatisch reagierten auf die Gedanken, Emotionen und die ganzen mentalen anerzogenen Muster, und das hatte nichts, aber gar nichts mit der offenen, lebendigen Weite zu tun, die ich immer wieder erfuhr. Es gab eine tiefe Freude, einen inneren Frieden, die von äußeren Gegebenheiten völlig unabhängig waren. Aber mein konditionierter Verstand misstraute diesen Erfahrungen, und damals erkannte ich nicht, wie ich selbst mich damit dem Leiden „öffnete". Gespräche mit Freundinnen und Freunden brachten nichts – weil deren Interesse alleine beruflichen Zielen galt und der Stärkung des eigenen Ego. Ich war mit meiner Suche nach Wahrheit alleine, und oft redete mir mein Verstand ein, ich sei vielleicht ein bisschen verrückt, solch tiefschürfende Fragen wie nach der Sinnhaftigkeit meiner Existenz überhaupt zu stellen. Dann war ich durch die vielen Nacht- und Sonntagsdienste einfach oft auch zu müde, um auf all die inneren Fragen, deren Antwort ich nicht kannte, überhaupt weiter einzugehen.

Der Tod

Kommst
Bruder Tod
Nimmst
Häutungen weg.

Leib hin
Zur Erde
Mineral zu
Mineral.

ES atmet uns ein
ES atmet uns aus.
Unsagbarer Urgrund
Allen Seins.

Tanz
Bruder Tod
Ist alles Leben.
Öffnest die Tür
Durch Raum
Und Zeit.

Das Leben geht weiter in Heidelberg Heirat mit Normann Hesse

Draußen war ein sonniger, frischer Tag. Mich faszinierten die herbstlichen Farben. Die Sonnenstrahlen durchleuchteten die gelben Ahornblätter, die unaufhörlich leise zur Erde fielen und den Weg mit einer golden schimmernden Decke einhüllten. Wie einfach sich die Bäume von ihren Blättern trennten. Der Herbst, eine Zeit des Abschieds von den frohen Sommerfarben, aber auch eine Zeit der Früchte. Da mein damaliger Freund ein Stipendium nach Amerika erhalten hatte, ich ihn dahin aber nicht begleiten wollte, hatte ich eine Assistentenstelle an der Universitätsklinik in Heidelberg angenommen.

Natürlich gab es da das berühmte Schloss, und es war besonders schön vom Neckar aus anzusehen. Heidelberg verbarg sich unter dem ständigen Touristenstrom von Amerikanern und Japanern und verbreitete große Unruhe. Aber am Ufer des Neckars konnte ich dem fließenden Wasser zusehen. Die Sonne, der Mond, die Sterne spiegelten sich darin, das Wasser nahm alle auf und blieb doch einfach nur das Wasser.

Dann verliebte ich mich in einen Kollegen – so wie es in dem Schlager beschrieben steht: „Ich hab‘ mein Herz in Heidelberg verloren ...“. Nach ca. zwei Jahren haben wir geheiratet.

Mein Mann kommt aus Norddeutschland und ist evangelischer Christ, allerdings ohne nähere Bindung an die Religion. Wir lachten viel zusammen, und er lehrte mich, auch in der Ehe mir selbst treu zu bleiben, weil er, scheinbar ganz geradlinig, sich selbst treu ist. Einerseits war es eine schwierige Beziehung, andererseits eine, wo jeder von uns atmen konnte. Daran hat sich auch nach 33 Jahren nichts verändert! Dieser Lernprozess des Einander-Lassens, zu erlauben, dass der andere Mensch so sein darf, wie er ist, war ständig neu zu üben und führte in eine Beziehung tiefen Vertrauens und tiefer Loyalität. Leider wurde bei mir ein schnellwachsender Tumor in der Gebärmutter festgestellt, der eine Entfernung nötig machte. Ich war untröstlich, niemals schwanger zu werden, keine eigenen Kinder zu haben. Mein Mann zeigte seinen Kummer nicht. Um wieder das innere Gleichgewicht zu bekommen, fuhr ich zu einem medizinischen Weltkongress nach Mexiko. Danach würde dann die Operation stattfinden. Ich wusste nicht, warum es mir so dringend war, nach Mexiko zu fliegen. Ich folgte einfach einem inneren Impuls. Da es eine organisierte Reise war, flog ich alleine.

Medizinkongress in Mexiko
Tiefe mystische Erfahrung

> Wir Mexikaner sind ein ritenbesessenes Volk.
>
> Während wir im Alltag uns vor uns selbst verstecken, lassen wir im Wirbel der Fiestas gänzlich unsere Zügel schießen. Wir öffnen uns nicht nur, wir reißen uns auf ... Die Fiestas machen uns für einen Augenblick frei von allen Impulsen, all dem entzündbaren Stoff, der sich in unserem Inneren anhäuft.
>
> Octavio Paz in „Allerheiligen Allerseelen“

Mexiko-City liegt in 2000 m Höhe in einer Art weitläufigem Krater, umgeben von Gebirgen. Daher können all die Schadstoffe aus den Schornsteinen der Industriebetriebe und die Auspuffgase der Millionen Autos, die sich Tag und Nacht durch diesen Moloch von Stadt quälen, nicht abziehen. Über allem liegt ein Smogteppich, und daher muss oft auch tagsüber das Licht eingeschaltet werden. Smog und Lärm und dazwischen die schwermütigen und heißen Rhythmen der Mariachi, besonders an der Plaza Garibaldi. Beschreiben lässt sich dieses Stadt nicht.

Neben Vierteln mit Nobelvillen, Palästen, den vielen Kirchen und Museen gibt es diese Elendsbezirke. Es stinkt nach Abfall, Kinder spielen im Dreck, herumstreunende Hunde, kranke Menschen, Prostitution, Kriminalität. Es sind Brennpunkte brodelnden sozialen Konfliktes. Sie sind wie eine Krebsgeschwulst, die sich immer weiter in diese riesige, ruhelose Stadt hineinfrisst. Aber alles hat seinen Platz, das Dunkle, das Helle, die Freude wie der Schmerz.

Alle Gegensätze menschlichen Daseins liegen in dieser Stadt ganz dicht beisammen. Tiefe Hoffnungslosigkeit, wilder Stolz, Mord, Prostitution, und um die Ecke „wohnt" die Virgen cita, die „Heilige Jungfrau von Guadalupe". Sie wird es schon richten ...

Mexiko-City wurde auf den Überresten der alten Aztekenstadt „Tenochtitlan" aufgebaut. Hier gab es einmal eine Salzwasserlagune, und auf Pfählen erbauten Azteken eine wunderbare Stadt mit schwimmenden Gärten, die ihren Duft über den Ort verbreiteten. Dennoch sahen sich die Azteken nicht als „Besitzer" dieses Landes, eher als Verwalter. Die Götter ihrer Mythen hatten sie an diesen Ort geführt, und es ist ein alter Aztekengesang überliefert: „... nur zum Schlafen kommen wir, es ist nicht wahr, es ist nicht wahr, dass wir kommen, um hier auf der Erde zu bleiben ..." Sie glaubten an zyklische Perioden der Geschichte, die durch Phasen von Chaos getrennt waren. Das Neue konnte nur kommen, wenn das Alte verschwand. Als die Spanier 1519 die Stadt erreichten, glaubten die Azteken sich von ihren Göttern verlassen und sahen in den spanischen Eroberern das verheißene Neue.

Die Spanier zerstörten die Bauwerke der Azteken, sie leisteten gründliche Arbeit, insbesondere auch in der Ausrottung alter „heidnischer" Bräuche. Das Christentum wurde mit blutiger Hand gebracht. Aber die alte Macht der Azteken wirkte weiter auf das Alltagsgeschehen ein, auf die Musik, die Poesie, die Kleidung und den Lebensstil. So vermischten sich Heidnisches mit Christlichem und spanische Kultur mit dem alten Wissen der Azteken.

Mich faszinierte Mexiko. Trotz aller Moderne war der Mythos der Vergangenheit überall spürbar.

Nach dem Kongressende fuhr unsere Gruppe in das tropisch heiße Tiefland von Tabasco. Die alten Mayatempel sollten besucht werden. Wir fuhren nach Palenque, die als die schönste Ruinenstadt der Mayas in Mexiko gilt.

Schwere Nebelwolken hingen über den Urwaldriesen des Regenwaldes. Vogelstimmen, zirpende Grillenlaute, klopfende Geräusche, wie Spechte sie verursachen, eine ganze Symphonie von Klängen kam aus dem Dickicht des Waldes. Während ich verzaubert zuhörte, hatte die Sonne den Nebel durchdrungen. Hunderte von Schmetterlingen erhoben sich, als hätten sie nur auf diese Sonnenstrahlen gewartet, flogen in die warme, feuchte Luft auf – ein farbenfroher, magisch wirkender Schwarm – und tummelten sich dann in einem Meer von Blüten.

Ich war überwältigt von diesem Schauspiel und atmete tief die würzige, duftende Luft ein. Dann führte uns der Reiseleiter zum Tempel der Inschriften. Es handelte sich um eine Art Pyramide, die 21 m hoch ist. Es war anstrengend, bei der feuchten Hitze die vielen Stufen aufzusteigen, um dann im Inneren wieder 66 Stufen hinabzusteigen zum einzigartigen Grabmal des letzten Mayafürsten Pakal. Diese Kultstätte stammt aus dem 7. Jahrhundert, aber wir wissen fast nichts über die Kultur der Maya, die im 9. und 10. Jahrhundert zusammenbrach. Die Ursachen dafür sind unbekannt, da die Spanier die „Codices“, die Schriften der Mayas, fast vollständig vernichteten. Sie hatten aber ein tiefes Verständnis von Zeit und ihrer Qualität. Wenn Krankheiten ausbrachen, das Brunnenwasser verdarb, dann war „die Zeit gekommen“, alles zu verlassen und weiter zu ziehen. Haus und Hof, oft sogar die Haustiere, wurden zurückgelassen, und die Menschen gehorchten einfach den geheimnisvollen Zeichen der Zeit.

Als wir den Tempel wieder verließen, verstauchte ich mir einen Fußknöchel und konnte nicht mit der Gruppe in den anschließenden Dschungel gehen. Es kam mir sehr gelegen.

So konnte ich für mich sein und diesen zauberhaften Ort, die Landschaft und die Worte des Reiseleiters auf mich wirken lassen.

Ich wollte mich setzen und entdeckte einen runden, flachen Stein am Fuße des Tempels. Da wollte ich mich ausruhen und die Rückkehr der anderen abwarten. Dieser runde Stein war vor Jahrhunderten bearbeitet und hatte sicher einmal einem bestimmten Zweck gedient, der mir allerdings unbekannt war.

Die Gruppe war im Dschungel verschwunden, und ich legte mich auf diesen runden, flachen Stein, fühlte seine Wärme und überließ mich ganz einer geheimnisvollen, „duftenden" Gegenwart. Der Himmel war jetzt strahlend blau, die menschlichen Stimmen vermengten sich mit unzähligen Tierstimmen, bis sich alles nur noch wie ein fernes Murmeln anhörte, das leiser und immer leiser wurde. Plötzlich war es ganz still, und da war sie, jene namenlose Angst, die wie ein schwarzes, unheimliches Tier langsam aus dem Bauch heraufkroch, mein Herz umklammerte, als sollte es zerrissen werden, und meinen Atem zu ersticken drohte. Ich setzte mich auf, aber alles war ruhig, blauer Himmel, tanzende Schmetterlinge im Sonnenlicht. Ich lachte über mich und legte mich wieder hin, empfand die Wärme der Luft, die Wärme des Steines, die Wärme meines Körpers. Aber wieder überfiel mich diese unerklärliche Angst. Dieses Mal aber blieb ich liegen und versuchte, durch die Angst zu atmen ...

Ich fühlte mich grenzenlos alleine, abgesondert von allem, völlig vereinzelt und alleine auf der Erde, alleine in der Weite des Kosmos. Da war einfach nur entsetzliche Einsamkeit. Alle Glaubenssätze zerbrachen in Sekundenschnelle und erwiesen sich als hohl. Alle sogenannten Sicherheiten meines beruflichen, sozialen und privaten

Lebens fielen in Schutt und Asche, wie morsche Mauern, es blieb nichts übrig als diese ungeheure Einsamkeit, und überall war dunkles Nichts, einfach NICHTS, NICHTS ... Nirgends Jesus oder Maria oder Buddha. Da war grenzenloses NICHTS, eine Art von vibrierender STILLE, und in diesem Augenblick zerriss ein überhelles Licht die Konturen von Zeit und Raum, und ich explodierte in dieses Licht, in diese lebendige PRÄSENZ, und da war grenzenlose GLÜCKSELIGKEIT.

Da war kein Stein, von dem ich getrennt war, ja es gab noch nicht einmal eine Empfindung eines „Ich", denn es gab keine Grenzen, nichts, was „ich" hätte benennen können.

Da war grenzenloses, glückseliges SEIN, und „ich" war DAS – raumlos, zeitlos, nicht in Worten zu beschreiben, einfach:

SEIN SEIN SEIN

Plötzlich leckte etwas meine Wange, und augenblicklich kehrte ich in einen anderen Raum dieser Gegenwart zurück. Neben mir stand ein riesiger schwarzer Hund, der freundlich mit dem Schwanz wedelte und nicht aufhören wollte mit seiner zärtlichen Leckerei. Ich streichelte ihn, irgendwie erfüllt von dem eben Erlebten, und setzte mich langsam auf. Während ich den Hund immer weiter streichelte, hörte ich ein lautes Lachen. Da erst bemerkte ich zwei Männer. Der eine war hellhäutig und trug einen Jeans-Hut, der andere schien ein mexikanischer Führer zu sein. Der Mann mit dem Jeans-Hut sprach englisch zu mir. „Noch nie hat mein Hund einen Menschen so zutraulich und zärtlich begrüßt wie Sie. Ich habe ihn mehrere Male gerufen, aber er konnte sich von Ihnen nicht trennen. Woher kommen Sie?" Ich sagte, ich sei mit einer deutschen Gruppe hier, habe mir aber den Knöchel verstaucht und mich zum Ausruhen hier auf den Stein gelegt. Er lachte, sagte aber dann ziemlich ernst: „Das ist nicht einfach ein Stein, es ist ein alter Opferstein der Maya. Mein mexikanischer Führer war sehr erschrocken, als Sie sich auf diesen heiligen Stein legten, denn da können seltsame Dinge geschehen.“ Ich starrte ihn fassungslos an. Ich wusste nichts von der Magie alter Opfersteine. „Mein mexikanischer Begleiter und ich saßen auf der obersten Stufe des Tempels der Inschriften. Entschuldigen Sie, aber ich habe Sie durch mein Fernglas beobachtet, und sie schienen sehr glücklich zu sein. Daher beruhigte sich der Mexikaner, denn er wollte schon runterlaufen, um Sie zu warnen.“ Ich starrte beide ungläubig an. Träumte ich? War dies jetzt die Wirklichkeit oder das vorhin Erlebte? Gehörte beides zusammen? Meine Erfahrung hatte sich also in meinem Gesicht widergespiegelt, hatte den ganzen Körper ergriffen und strahlte DAS nach außen. Nein, ETWAS in mir wusste ja, dass es kein Traum, keine Phantasie war, sondern pures SEIN. „Ja, ich bin sehr glücklich“, sagte ich zögernd, „mit mir ist etwas geschehen, wofür mir aber die rechten Worte fehlen.“ Langsam stand ich auf, und jetzt fiel mir auf, dass nicht nur seine Augen, sondern sein ganzes Gesicht, sein ganzer Körper leuchteten. Auch der Mexikaner leuchtete, und selbst um den Hund fand sich dieser Lichtschimmer. Wir sahen uns an, da war nur STILLE. Eine flirrende, tanzende Lebendigkeit strahlte wie ein unsichtbares Energiefeld und durchströmte uns. Wir schwiegen und schwiegen, sahen uns an, und mir war, als würde mein Herz in seinem schlagen, als würde es uns beide umschließen, um dann größer und weiter zu werden, sich immer mehr ausdehnend in diesen magischen, zeitlosen Raum.

Einen Herzschlag lang
Überfließende Stille
Aufplatzende
Lebensströme.

Einen Herzschlag lang
Gesang
Aufwirbelnde Funken
Regenbogenfarbenes Licht.

Einen Herzschlag lang.

Waren das meine Gedanken? Seine? Wer kann das sagen?

Dann nahm er mich in die Arme und flüsterte: „Danke."

Da kamen schon die ersten aus der Gruppe zurück. Der Mann mit dem Jeans-Hut, der Mexikaner und der große Hund drehten sich um und gingen langsam weiter. Ich blieb wie angewurzelt stehen, als eine Frau mich „besorgt" fragte, ob ich eben „belästigt" worden sei. Ich verstand absolut nicht, wovon sie überhaupt sprach.

Einmal noch drehten sich die „vertrauten" Fremden um, wir lächelten uns an ...

Ich fühlte mich zutiefst lebendig und war gleichzeitig sensibler in der Wahrnehmung anderer Menschen geworden. Ich konnte und wollte aber mit niemandem in dieser Ärztegruppe über meine Erfahrungen auf dem „Mayastein" sprechen. Ich war in Kontakt mit ETWAS gekommen, was jenseits meines Verstandes, aber auch jenseits aller mir bisher bekannten Gefühle war. Ein Teil von mir „wusste", dass ich einer tiefen, echten Wahrheit begegnet bin, einer Wahrheit, die man sich weder ausdenken noch konstruieren kann. Es geschah einfach und völlig überraschend, mitten in der gegenwärtigen Zeit, und doch irgendwie jenseits von ihr. Ich versuchte ES irgendwie einzuordnen, fand aber keinen mir bekannten Bezugsrahmen. Das Auffälligste war: Mein kritischer Verstand war völlig verstummt, es gab keine Urteile über das Erlebte.

Prozesse der Bewusstwerdung Begegnung mit Thorwald Dethlefsen

Drei Tage nach meiner Rückkehr aus Mexiko wurde ich operiert. Alles verlief glatt, und der entfernte Tumor war gutartig. Es interessierte mich kaum!! Wie sollte ich erklären, dass es eine Freude gab, wo Tumor oder kein Tumor keinerlei Rolle spielte? Aber alle wunderten sich, warum ich keine Schmerzmittel nach der Operation brauchte, schließlich war das sonst so üblich. Wie sollte ich erklären, dass „nur" ein Körper im Krankenbett lag, der ansonsten geborgen war in unsagbarer Freude und Licht, wie sollte ich das sagen, ohne nicht sofort für verrückt erklärt zu werden? Also schwieg ich. Zum ersten Mal erkannte ich die doppelte Bedeutung von *verrückt*. Konnte *verrückt* nicht auch bedeuten, aus dem üblichen Tagesbewusstsein in ein anderes Bewusstsein ver-rückt worden zu sein?

Ich war damals mit einer klinischen Psychologin befreundet, einer interessanten und liebenswerten Frau. Ihr berichtete ich mein „mexikanisches Steinerlebnis". Ich hätte es besser nicht getan. Sie hörte sehr interessiert zu und deutete es sofort, gemäß ihrer psychologischen Fachkenntnisse. „Sieh mal, Ingeborg, du hattest Angst vor der Operation, sogar davor, dass der Tumor bösartig sein könnte. Dein Unterbewusstsein blockte diese berechtigte Angst ab und gaukelte dir eine Scheinseligkeit vor, damit du besser mit deiner Angst fertig werden konntest. Da kommt es schon mal zu dissoziativen Störungen, zumal du in einem fremden Land mit anderem Klima warst. Außerdem hast du ja eine blühende Phantasie, und du hast einfach einen vorübergehenden Realitätsverlust erlitten. Ich bin aber froh, dass du das alles so gut überstanden hast und jetzt wieder ganz normal bist." Alles, was ich als zutiefst echt und wahr erlebt hatte, wurde pathologisiert, nur weil sie selbst niemals ein ähnliches Erlebnis hatte. Sie brillierte mit ihrem psychologisch fundierten Wissen, in dem es keinen Raum für das Unvorhergesehene gab. Alles war feinsäuberlich in Schubladen untergebracht, alles war ungeheuer wissenschaftlich steril, passend für ein Automatendasein!

Der Wahnsinn lässt grüßen ...

Es war offensichtlich, dass sie mich nicht verstehen konnte, und mich rührten die Erklärungsversuche. Gleichzeitig fühlte ich mich total missverstanden. Aber ihre scheinbare psychologische Sicherheit führte nach einer Weile leider doch zu einer Verunsicherung. Ich verlor die tiefe Wertschätzung dieser Erfahrung, und es legte sich ein dichter grauer Schleier über diese strahlende Präsenz von Licht, nur weil mein Verstand es nicht einordnen konnte.

Ich ging meiner Arbeit als Ärztin nach, verrichtete die Hausarbeiten, traf mich mit Freunden, ging mit meinem Mann zum Segeln und schrieb, wie in der Pubertät, meine Sicht der Dinge in Tagebücher.

Sich selbst zu spüren, sich selbst zu fühlen und zu erkennen ist aber eher ein Prozess eines übergeordneten Bewusstseins, so wollte mir das scheinen, und hat weniger etwas mit starren psychologischen Modellen zu tun. Dennoch hatte ich gelegentlich Angst, verrückt zu werden. Ich war so anders als die Menschen meiner unmittelbaren Umgebung.

Zunehmend fühlte ich mich außerdem mit der Denkungsweise der Schulmedizin nicht mehr wohl.

In dieser Phase lernte ich Thorwald Dethlefsen kennen. Er hielt damals Seminare in „Esoterischer Psychologie", die außerordentlich gut besucht waren. Da traf ich viele Kolleginnen und Kollegen aus ganz Deutschland, denen es ähnlich ging wie mir. Endlich lernte ich „gleichgesinnte" Menschen kennen. Menschen, denen man keine „Erklärungen" geben musste, welch eine Erleichterung! Zum ersten Mal hörte ich hier von der Philosophia perennis, einer Philosophie der Ewigen Wahrheit.

Jetzt stellte sich mein „Mexikoerlebnis" als eine Erfahrung des Numinosen dar. Ich war zutiefst dankbar. Durch Dethlefsen erfuhr ich auch von der Möglichkeit einer spirituellen Schulung. Er selbst fühlte sich zum Zen hingezogen, nannte aber seinen Lehrer nicht.

Auf medizinischem Gebiet wollte ich mich in klassischer Homöopathie ausbilden lassen und verschiedenen naturheilkundlichen Verfahren.

Ich war glücklich. Alles hatte einen tiefen Sinn, und mein Leben erfuhr eine tiefe Öffnung für umfassenderes Wissen. Ich hatte den Eindruck, wieder inniger im Lebensfluss mitzufließen. Es gibt keinen Stillstand.

Suche nach Gott
Begegnung mit Sai Baba in Indien

Meine tiefe Sehnsucht nach dem unbekannten Gott war nichts, was zu pathologisieren war. Ich wusste nicht, „wer" Gott ist, und würde es wohl nie wissen. Aber es gab da diese „dunkle, unerklärbare Kraft", die zog mich, bescherte mir Momente tiefen Friedens und war dann wieder verborgen. Dann triumphierte mein Verstand, und je mehr ich ihm vertraute, um so enger und leidvoller wurde der Alltag. Ich erlebte eine innere Verunsicherung und Verwirrtheit und war gleichzeitig überrascht, dass ich als Ärztin weiter funktionierte und alles im Alltag mehr oder minder reibungslos ablief. In dieser Phase berichtete eine Bekannte von einem indischen Avatar namens SAI BABA. Ich konnte mich einer deutschen Gruppe anschließen, und wir kamen in dem sehr heißen Puttaparthi an. Hier, in diesem kleinen Dort in Südindien, befand sich der Ashram von Sai Baba. Einige tausend Menschen aus allen Ländern hielten sich für kurze Zeit hier auf. Wir alle waren auf der Suche nach Gott.

Trotz der vielen Menschen war eine große Stille präsent. Alle sprachen leise oder schwiegen. Alle bewegten sich langsam und stellten sich geduldig zum Essen an oder morgens und am frühen Abend vor der Darshanhalle, wo „Baba" zweimal täglich erschien, um einen Vortrag zu halten, der ins Englische übersetzt wurde.

Wenn Sai Baba anwesend war, hörte augenblicklich jedes Gespräch auf. In seiner Nähe öffnete sich ein sakraler Raum und ließ uns teilhaben an der Göttlichen Präsenz. Trotzdem drehte sich alles um das persönliche Gespräch. Jeden Morgen, jeden Nachmittag nahm Sai Baba während seines

Rundganges Briefe an, und es wurde ständig dieselbe Bitte geäußert: „Please, Swami, give our group an interview.“ Swami lächelte und mahnte uns zur Ruhe.

Über Sai Baba gibt es kontroverse Aussagen. Ich erlebte ihn als Lehrer mit einer Präsenz, wie sie mir noch nie begegnet war. Er betonte immer, der einzige Unterschied zwischen ihm und uns bestünde darin, dass er wisse, wer er ist, und wir weiter in der Unwissenheit des Ego gefangen wären. Auch wenn er sich in der Hauptsache auf die Wahrheit der Veden bezieht, so verweist er ständig auf dieselbe Wahrheit in den großen Weltreligionen.

„Ihr seid Wellen der Unsterblichkeit, nicht dieser Körper aus Materie. Materielle Dinge sind dazu da, euch zu dienen und zu gehorchen. Nicht ihr sollt ihnen dienen und gehorchen. Daher muss der Mensch zwei Wissensgebiete beherrschen. Das erste ist das Wissen von der Welt, vom manifestierten Universum, das uns erlaubt, unser Leben in Familie, Beruf und Alltag mit seinen Pflichten und Bedürfnissen zu führen. Das zweite Wissen betrifft die ‚andere Welt‘, die unsichtbare Präsenz Gottes, die die so wichtige Frage ‚wer bin ich?‘ einschließt und auch auflöst.“

Sai Baba geht es um die Realisation des Göttlichen Wesenskerns jedes Menschen in der Gegenwart. Ja, es geschehen „Wunder“ aus der Sicht des menschlichen Verstandes, aber sie geschehen, um die Fixierung an die mentale Ebene aufzubrechen. So entsteht tiefe Verwirrung, und mitten in diesem inneren Chaos kann STILLE, kann GOTT wahrgenommen werden.

Die eigentlichen „Wunder“ aber geschehen im eigenen Inneren, wo es zu einem Kontakt mit „anderen Bewusstseinsebenen“ kommen kann.

Aus meinem Aufenthalt im Ashram möchte ich daher von zwei Geschehnissen berichten, die ich erfuhr. Es gehörte zur Ashramordnung, dass jede Gruppe immer vollzählig zum Darshan kam.

Eines Nachts bekam ich starke Schmerzen in der linken Hüfte, die in das ganze Bein ausstrahlten. Damit würde ich keineswegs morgens auf der Matte „sitzen" oder knien können. Als die Schmerzen sich steigerten, weckte ich eine Frau, von der ich wusste, dass sie eine bestimmte Akupunkturmassage beherrschte. Während die anderen in ihren Schlafsäcken friedlich schliefen, begann sie mit der Massage. Das Mondlicht erhellte den Raum etwas, und wir schwiegen beide.

Plötzlich wurde mir sehr übel, und gleichzeitig stieg tiefe Angst vor meinem Vater auf. Mein Vater war zu diesem Zeitpunkt bereits sieben Jahre tot. Er war elend an den Folgen eines bösartigen Hirntumors gestorben, wobei er nicht nur vollständig gelähmt war, auch sprachlich konnte er sich nicht mehr mitteilen. Sein Sterben war für uns alle eine sehr schwierige Zeit. Hoffnung wechselte mit Verzweiflung und dem völligen Ausgeliefertsein an das Mysterium Tod, wobei meine Mutter und meine Schwester, die ca. 300 km von mir entfernt wohnten, täglich diesem Elend ausgesetzt waren.

Jetzt, hier in diesem Ashram, war plötzlich alles wieder sehr lebendig. Ich fing an zu zittern, die Frau beruhigte mich und sagte, es würden sich Blockaden lösen. Sie setzte ihre Massage fort. Aber da war diese tiefe unerklärliche Angst, der ich nicht entfliehen konnte, und plötzlich „sah" ich auf einer inneren Ebene meinen Vater. Er war sehr dünn und bot ein Bild der Verzweiflung. Da stand er, gramgebeugt und winkte mir, ich solle kommen. Schon wollte ich aufspringen, erkannte aber gleichzeitig, dass „ich" ihm keineswegs helfen konnte. Außerdem hielt mich eine unsichtbare Kraft zurück. Dann stieg aus der Tiefe meines Herzens, unhörbar für die andere Frau, auf: „Christus ist in mir, Christus ist in dir, lieber Vater. Es war eine ständige Wiederholung von stillen „Christus ist in mir – Christus ist in dir". Ich hatte jedes Zeitgefühl verloren. Dann erschien eine hell leuchtende Wesenheit, ein „Lichtengel", und legte seinen „Lichtarm" um meinen Vater, drehte ihn sehr langsam und behutsam um und führte ihn in eine unermesslich leuchtende Dimension. „Ich liebe dich, Vater", flüsterte es lautlos in mir. Die ganze Zeit hatte ich geschwiegen. Jetzt tauchte ich irgendwie in die Realität des Raumes auf. Alle Angst und die Schmerzen waren verschwunden. Da flüsterte die Frau, die mich noch immer sanft massierte: „Wer war da eben?" Sofort war ich hellwach. Wir verließen den Schlafraum, und draußen, in dieser warmen, sternenübersäten Nacht, erzählte ich, was mir eben geschehen war. Sie war voller Verständnis, und wir glaubten, dass alte Ängste, die ich auf meinen Vater projiziert hatte, ausgeheilt waren. Gleichzeitig waren wir beide überzeugt, dass mein Vater nunmehr in eine Dimension Göttlichen Lichtes eingetreten war.

Ich fühlte große Dankbarkeit, vor allem für das Verständnis und die Nähe dieser Frau. Sie berichtete mir von ähnlichen Erfahrungen, und so konnte mein Verstand sein altes Spiel des Zweifels nicht wieder anzetteln. Er konnte das nicht erklären und kapitulierte, jedenfalls vorübergehend.

Es gab im Ashram einen großen Baum, der abseits von allen Gebäuden stand. Er wurde allgemein als Meditationsbaum bezeichnet, und da konnte ich im Schatten seiner Blätter sitzen, und immer wieder breitete sich STILLE aus. In dieser Stille liefen zwar weiter Gedanken ab, aber sie waren auf sehr wohltuende Weise im Hintergrund.

Trotz der enormen feuchten Hitze hielt ich mich insgesamt vier Wochen in diesem Ashram auf. Mein ganzer Jahresurlaub! Mein Mann war zu Hause geblieben, weil er sich nicht dafür interessierte. Er ging mit Kollegen immer wieder zum Segeln und machte mir daher keine Vorwürfe, so lange in Indien zu sein. Seine Toleranz war existentiell wichtig für mich, denn ich musste dieser Sehnsucht nach Gott folgen. Etwas Geheimnisvolles zog mich, und ich hatte keine andere Wahl. Ich hatte nicht die geringste Ahnung, wohin ES mich führen würde.

Trotz aller immer wieder aufkommenden Ängste und auch erheblicher Widerstände einzelner Persönlichkeitsanteile folgte ich einer unsichtbaren Spur, wobei ich eigentlich eher von der „mysteriösen Kraft" geschubst und geführt wurde.

Einen Tag vor unserer Rückreise erhielt unsere Gruppe das ersehnte Interview. Wir folgten Baba in einen sehr kleinen Raum, und ich saß direkt zu seinen Füßen. Hinter mir eine enge Anhängerin von ihm, die unsere Gruppe von Deutschland hierher begleitete. Ich hatte mir eine Liste von Bitten notiert, falls es zu diesem heißersehnten Interview kommen würde. Jetzt, in der Gegenwart von Swami, kam alles Denken zum Stillstand. Sai Baba sprach mich an und wollte wissen, wie es mir ginge. Mein Mund sagte: „Wunderbar." Dann sagte er ernst: „Glaube, Gott existiert. Höre auf, selbst etwas ‚machen' zu wollen! Du bist nicht die Handelnde. Lass alleine Gott deine Wirklichkeit sein, vertraue einfach, lass alle deine Vorstellungen los." Dann lächelte er und materialisierte etwas Bhuti (heilige Asche) für mich.

Während mein Verstand an der Peripherie irgendwelche Gedanken produzierte, verschwand „ich" in eine „glückselige PRÄSENZ".

Ich war völlig wach. Da war eine große Klarheit, eine strahlende Präsenz von ETWAS, DAS nicht zu benennen war, und DAS war „ich". Nein, es ist unmöglich zu beschreiben.

Inzwischen hatte sich Sai Baba den anderen Menschen zugewandt, aber während „ich" das beobachtete, war gleichzeitig und ohne jeden Zweifel diese strahlende PRÄSENZ da, in ihr fand alles statt, nichts und niemand war von ihr getrennt.

Als wir aus dem kleinen Interviewraum wieder heraustraten, war da überall diese „PRÄSENZ": Der Körper bewegte sich ohne Anstrengung, er schien zu wissen, was er tat. Einige wollten wissen, was Baba gesagt habe. Ich lächelte, und mein Mund sagte: „Überall ist Gott." „Die ist ganz schön verwirrt", hörte ich einen Mann sagen. Es spielte nicht die geringste Rolle. Da war grenzenlose Dankbarkeit und LIEBE, für die es keine Worte gab.

In den vier Wochen meines Aufenthaltes im Ashram fiel es mir leicht, mich immer wieder bedingungslos dem Absoluten zu öffnen. Das lag zum einen an der sakralen Atmosphäre und zum anderen an der Ausstrahlung von Sai Baba. Ich fühlte mich geborgen und zutiefst mit den anderen Besuchern verbunden. Manchmal dachte mein Verstand, dass dieser Ort hier nicht wirklich auf der Erde lag, dann aber ging es doch sehr menschlich zu.

„Jeder Mensch ist es wert und auch würdig, Gott als die Quelle seiner eigenen Existenz zu erfahren." Baba wurde nicht müde, uns darauf hinzuweisen. Es war für mich eine sehr ermunternde Botschaft. Nur der Verstand erinnerte mich an das vermittelte christliche Gottesbild. Schuld, Sühne, ewige Verdammnis waren vertraute Wörter, und die damit verbundenen Gefühle von Angst, Scham und Verlorenheit tauchten auch hier immer wieder auf. Baba rief uns zur aufrichtigen Selbsterforschung auf, nur so könne die starre

Egostruktur durchschaut werden. „Jeder Mensch ist eine Verflechtung von zwei Strängen der ‚gleichen Wirklichkeit, der gleichen Substanz'. Der Mensch ist Maya und Madhava, das bedeutet, er ist Schöpfungsprinzip und Gott, das Absolute, Jiva und Brahman, Individuum und das Ewig Absolute." Das hatte ich in dieser Klarheit noch nie gehört. Unter dem Meditationsbaum erinnerte ich mich an die Aussage von Jesus „... wer mich sieht, sieht den Vater." Er wusste genau, wer er war. Und so konnte er sagen „Ich bin das Licht der Welt, und ihr seid das Licht der Welt." Warum konnten wir das nicht glauben?

Sai Baba riet zur täglichen Meditation, denn nur im Schweigen können wir unsere Verhaftungen und Bindungen erkennen. Gleichzeitig haben wir unsere sozialen Verpflichtungen zu erfüllen. Arbeit sei ein legitimes Recht des Menschen, wobei es keine niedrigen und höheren Arbeiten gebe. Um mit der Verwirrung des menschlichen Geistes zurechtzukommen, sei ein authentischer spiritueller Lehrer notwendig, der uns auf dem Weg der Selbsterforschung begleiten könne. Aber auch hier dürfe keine Abhängigkeit entstehen. Alles, was ich hier hörte, berührte mein Herz, war klar und hatte nichts, aber auch gar nichts mit irgendwelchen verstiegenen Phantasien oder gar Weltflucht zu tun.

Freilich versuchten viele Menschen, ihre Eigenverantwortlichkeit durch schwärmerische Verehrung der Person Sai Babas zu ersetzen. Das nahm manchmal fast groteske Formen an und hatte nichts mit dem zu tun, was Baba lehrte.

So tief berührt ich war, so dankbar für die Gnade, die mir das Leben, Gott, erwies, ich hatte kein Bedürfnis, eine Devotee (enge Schülerin) von Baba zu werden. Irgendwie war ich froh darum. Ich lebte in Europa mit einer ganz anderen Kultur, und alles war gut so, wie es war.

Allerdings sehnte ich mich nach einem spirituellen Lehrer. Ich fragte herum, die meisten praktizierten die Transzendentale Meditation bei einem autorisierten Lehrer des Maharishi Yogi, was ziemlich teuer war. Irgendwie interessierte mich dieser Weg aber nicht.

Sai Baba betonte, dass es für jeden ernsthaften Sucher den richtigen Lehrer gibt, einen Lehrer, der die psychophysische Struktur des Schülers durchschaut, ihm in seinen geistigen Verwirrungen beisteht, ihn begleitet, ohne ihn aber für eigene Zwecke zu manipulieren. Daher sei die Gabe der geistigen Unterscheidung so enorm wichtig. Außerdem „erscheine" der spirituelle Lehrer genau zur rechten Zeit. Das beruhigte mich, und ich begann darauf zu vertrauen, auch meinen Lehrer zu finden.

Aber nichts auf dem spirituellen Weg kann geplant oder berechnet werden, denn alles ist Gnade. Der Inder hat gewiss eine andere Einstellung zur Gnade als der westliche Mensch, der so verliebt in seinen Intellekt ist.

Plötzlich wurde mir die Anspannung in meinem ärztlichen Beruf klar. Aufgrund meiner medizinischen Ausbildung sah ich mich „verpflichtet", Krankheiten zu heilen, was immer hieß, die Symptome zu behandeln. Die Homöopathie und traditionelle chinesische Medizin „denken" zwar ganzheitlicher, aber die spirituelle Dimension wird auch hier weitgehend ausgeschlossen. Erst wenn der Patient offen ist, seine Krankheit als Chance geistigen Wachstums zu begreifen, kommt es zwischen Arzt und Patient zu einem gemeinsamen Erkunden des Lebens. Selbstverständlich ist das nur möglich, wenn sich der „ärztliche" Mensch seiner eigenen spirituellen Dimension bewusst ist. Davon aber sind wir zur Zeit noch weit entfernt.

Ich durfte bei Sai Baba sehr viel lernen und nahm in tiefer Dankbarkeit Abschied von ihm und dem Ashram.

Ich flog zurück nach Deutschland, zurück in meinen Beruf, meine Ehe, meinen ganz und gar „unspektakulären" Alltag.

Drei Wochen später durchlebte ich eine schwierige Situation. Ich hatte starke Schmerzen in allen Gelenken, konnte mich morgens kaum bewegen. Alle Laborwerte waren normal, und niemand konnte mir das erklären.

Dann kam mir die Erkenntnis, dass ich durch Sai Baba mit so hohen Energien in Kontakt gekommen war und mein physischer Körper irgendwie darauf ansprach. Wieder tauchten Ängste auf, nicht mehr gesund zu werden, vielleicht auf den Rollstuhl angewiesen zu sein. Vorbei war jede Zuversicht von Indien. Mein Verstand erzeugte wahre Horrorvisionen mit den dazugehörenden Gefühlen. Nur das ständige Gebet führte mich durch diese quälende Zeit. Nein, es gab keine breite Autobahn, keinen Schnellweg zum „Mysterium" Gott! Alle Gnadengeschenke des Lebens waren nur noch Erinnerung und die Gegenwart bedrückend und voller Schmerzen. Erst als ich mit allem einverstanden war, keinen inneren Widerstand mehr bot, hatte ich eines Nachts einen sehr lebendigen und beglückenden Traum. Eigentlich war es kein Traum, eher eine göttliche Botschaft, die mich erreichte. Der „unbekannte Gott" sagte zur mir: „Hab keine Angst, mache dir keine Sorgen, du bist gesund." Ich befand mich in einem Art „Wachtraum", aber die damit verbundenen Energien waren so belebend, so intensiv, dass ich völlig wach wurde und keinerlei Schmerzen hatte.

Da habe ich lange vor Dankbarkeit geweint, schlief dann aber wieder ein, tief und traumlos, und konnte mich beim Aufstehen morgens völlig schmerzfrei bewegen.

So lernte ich mehr und mehr der Göttlichen Führung zu vertrauen.

Beginn der Meditationspraxis Kontemplation und Zen mit Willigis Jäger

Die zur Wahrheit wandern
wandern allein.
Keiner kann dem andern
Weglernender sein.
Selbst der Liebste ringt
irgendwo fern ...

Christian Morgenstern

Im Ashram von Sai Baba hatte ich so viele offene Menschen kennen gelernt. Trotz der unterschiedlichen Nationalitäten waren wir alle vereint in unserer Suche nach Göttlicher Gegenwart. Bestimmt wurde das durch die Präsenz von Baba gefördert.

Zurück in Deutschland spürte ich überall unsichtbare Mauern. Jeder schien sich irgendwie zu verstecken, war in zahllose Aktivitäten verstrickt. Ich besuchte wieder eine Messe, fühlte mich aber fremd. „GOTT" ist anscheinend in unserer Gesellschaft kein Thema, höchstens bei Taufen, Hochzeiten oder Beerdigungen. Versuchte ich vorsichtig im Bekanntenkreis auf ein spirituelles Thema zu lenken, wurde fast immer ganz schnell abgeblockt. Das hat mich ziemlich frustriert. Ich war alleine mit dieser Sehnsucht nach dem Göttlichen in mir. Gleichzeitig verloren alle früheren Interessen ihre Anziehung. Alles war schal und öde. Andererseits ließ sich dieser innere spirituelle Hunger auch nicht verleugnen.

Immer habe ich die „mysteriöse Kraft“ gebeten, mich durch diese weglose Wüste zu führen, und es gab Momente tiefen Vertrauens.

Eines Tages fielen mir in einer Buchhandlung ganz wörtlich zwei Bücher aus dem Regal entgegen. Da ich Bücher liebe, schaute ich sie mir näher an. Eines hieß „Zen-Geist – Anfänger-Geist“ und stammte von Shunryu Suzuki. Auf Seite 29 las ich da: „Was wir ‚ich‘ nennen, ist nichts als die Drehtüre, die sich bewegt, wenn wir ein- und ausatmen.“ Das konnte ich innerlich verstehen, daher erwarb ich dieses Buch. Das zweite hieß „Kontemplation – Gottesbegegnung heute“ und war von einem Willigis Jäger geschrieben. Auch hier blätterte ich erst etwas herum. Auf Seite 75 las ich: „Sünde wird immer klarer als Selbstentfremdung erkannt, als Lebensversuch aus dem vordergründigen Ego.“ Ich war wie elektrisiert und musste mich erst einmal setzen. Auf Seite 91 stand: „Sich selbst als Manifestation göttlichen Lebens wissen, das ist die Seinsdimension, die Gott dem Menschen zugedacht hat.“

Ich war zutiefst berührt, saß da und umklammerte beide Bücher.

Drei Monate nach dem Aufenthalt in Indien lenkte Gott mein Bewusstsein auf diese Bücher. Einige Tage später erzählte mir eine Bekannte, die in einer anderen Stadt lebte, sie habe gerade einen Schweigekurs von Willigis Jäger in Würzburg besucht und könne mir das nur empfehlen. Ich lachte und erzählte von dem Buch. Ich schämte mich über meine Verzagtheit und meine Ungeduld. Kurze Zeit darauf nahm ich an einem Kontemplationskurs mit Willigis Jäger teil. ES war der Beginn einer 19jährigen spirituellen Reise. Bis heute betrachte ich sie als das größte Geschenk meines Lebens.

Ich liebte schon immer die Stille. Das strenge „Sitzen“ auf dem Kissen über viele Stunden war streckenweise schmerzhaft für meine Beine, da es eine ungewohnte Körperhaltung war. In diesem Schweigen lernte ich die ganze Unruhe meines Verstandes kennen. Manchmal war ich verzweifelt über diesen unaufhörlichen Gedankenstrom. Nur mühsam konnte ich zum Atem zurückkehren. Aber im Laufe der Woche wurde es besser. Morgens rezitierten wir gemeinsam Texte von Angelus Silesius aus dem „Cherubinischen Wandersmann“. An zwei erinnerte ich mich immer wieder den ganzen Tag:

Mensch, werde wesentlich,
denn wenn die Welt vergeht,
so fällt der Zufall weg.
Das Wesen, das besteht.
Wer hätte das vermeint:

aus Finsternis kommt Licht,
das Leben aus dem Tod,
das ETWAS aus dem Nichts.

Zum Abschluss eines jeden Abends ermunterte uns Willigis, bewusst bei der Atmung zu bleiben, auch nachts, wenn wir nicht schlafen könnten.

„Bleibt bei euch, nur DIESER EINE ATEMZUG ist wichtig.“

DA war es, als ob ein Blitz mich berührt hätte, es war ein feuriger, donnernder Schlag. DAS ist ES – durchströmte es meinen Körper, da waren keine Gedanken, nur diese Gegenwärtigkeit, die uns alle atmete. DA war Friede, Freude und doch einfach ein wortloses „lebendiges Nichts“.

Alles war völlig in Ordnung, so wie es gerade ist. Aber am nächsten Morgen war da wieder diese Flut von Gedanken. Ich erkannte meine Unzufriedenheit, ständig fanden

Be- und Verurteilungen statt. Mein Verstand erging sich in Monologen, und es schien, als hätte er nur darauf gewartet, wenn der Körper still auf dem Kissen saß, meinen Wunsch nach gedanklicher Ruhe in das Gegenteil zu verwandeln. Mein Wille machte alles nur noch schlimmer. Für mich war daher das persönliche kurze Gespräch mit Willigis ermunternd. „Nimm alles an, nimm dich an ohne Bewertung.“ Ich „wollte“ zur Ruhe kommen; das funktionierte nicht. Alle auftauchenden Gedanken und Emotionen mussten einfach angenommen werden. Da waren 25 Minuten Sitzen, danach einige Minuten Gehen, dann wieder Sitzen. Und so fort. Eine ständige Wiederholung von Sitzen und Gehen, und das über viele Stunden. Ich wurde mit erheblichen inneren Widerständen konfrontiert. Aber diese äußere straffe Struktur ist wie ein unsichtbarer Schmirgelprozess. Und dann gab es plötzlich Momente reiner Gegenwärtigkeit, alles floss, völlig mühelos. Einatmen – ausatmen, sitzen – gehen, ein lebendiges Geschehen, Freisein, alles ist wie befreit. Nein, es gibt keine Worte dafür. Aber das bleibt nicht. Umso schmerzlicher war dieses rigide Ego, gefangen in mentalen Strukturen und einander widersprechenden Emotionen. Alles eng ... „Nicht bewerten, atmen, es ist, wie es ist.“ Nein, einfach war diese Übungswoche nicht, die ständige Konfrontation mit mir selbst war kein gemütlicher Spaziergang. Und doch: Mein Herz lachte, und ich empfand tiefe, tiefe Dankbarkeit für diesen Übungsweg, für meinen Lehrer, für alle Menschen, denen ich begegnete. Da war so viel Nähe, obwohl die „äußeren Lebensdaten“ unbekannt waren, so viel Vertrauen. Überall war Liebe in den Menschen, in den Dingen, im Klostergarten, innen und außen, es schien kein Innen und Außen zu geben.

Am Ende des Schweigekurses war ich voller Energie, voll tiefer Lebensfreude. Alles war und ist gut!

Wenn der Mensch in der Übung
der inneren Einkehr steht,
hat das menschliche Ich für sich selbst nichts.
Das Ich hätte gerne etwas
Und es wüsste gerne etwas
Und es wollte gerne etwas.
Bis dieses dreifache „Etwas“ in ihm stirbt,
kommt es den Menschen gar sauer an.
Das geht nicht an einem Tag
Und auch nicht in kurzer Zeit.
Man muss dabei aushalten,
dann wird es zuletzt leicht und lustvoll.

Johannes Tauler

Damals fuhr ich drei- bis viermal im Jahr nach Würzburg. Ich fühlte, dass diese intensiven Schweigetage existentiell wichtig für meine spirituelle Entwicklung und menschliche Reifung waren. Gerade weil das Sitzen letztlich eine ganz einfache Übung ist, die keinerlei Vorkenntnisse erforderte, zeigte sich in der Achtsamkeit des Augenblicks, wie fließend und vorübergehend Gedanken und Gefühle waren. Ich wusste immer weniger, wer ich eigentlich war. In den Vorträgen von Willigis war alles klar, mein Intellekt schien zu verstehen und identifizierte sich mit dem Gehörten. Aber es wurde immer deutlicher, das wirkliche Verstehen war eher eine innere Erfahrung, ein inneres „Wissen“, das sich offenbarte. Hierbei spielt die äußere Zeit keine Rolle, weil es vom eigenen Willen nicht abhängt. So stellte sich mir eine Textstelle vielleicht nach einem Jahr ganz anders dar. Durch die Meditation wuchs meine Fähigkeit, das oberflächliche „Ich“, das sich ständig in den Vordergrund drängte, einfach so zu lassen, wie es ist. Es galt hierbei, viele innere Widerstände ebenfalls als ein vorübergehendes „Chaos“ anzunehmen. Ich entdeckte in mir eine unstillbare Sehnsucht nach der Quelle meiner Existenz. Und gleichzeitig wollten Anteile meiner Persönlichkeit sich nicht verändern lassen. Sie klammerten sich vielmehr an Bekanntes und Vertrautes, und der Verstand verteidigte alles mit immer neuen Ideen. So spielte sich oft genug ein innerer Krieg in mir ab. Es brauchte eine Weile, bis ich den Unterschied zwischen Bewusstsein und Bewusstheit herausfand. Ich war mir ja aller Gedanken bewusst, sie mussten nicht verschwinden, was ohnehin nicht möglich ist, ich durfte mich nur nicht mit ihnen identifizieren, denn sie betrafen ja nur eine oberflächliche Schicht meines Wesens. Darunter aber liegt Bewusstheit als etwas Umfassendes, als eine alles Begreifen übersteigende Wirklichkeit.

Es ist erstaunlich, wo oft ich immer wieder in den alten Mustern meines Ego hängen blieb. Anscheinend braucht es die ständige Achtsamkeit, um tief eingefahrene Vorstellungen aufzulösen.

Zuhause fand ich kein Verständnis, und das ist das Dilemma von Ehen und menschlichen Beziehungen. Wenn ein Mensch sich „ziehen“ lässt von dem großen Mysterium des Lebens und gar nicht anders kann, kommt es zur Entfremdung und zu Missverständnissen. Es braucht großen Mut und große Leidenschaft, trotz alledem der unsichtbaren Spur zu folgen.

Ich durfte die Erfahrung machen, dass eine Umkehr zu alten Vorstellungen und Ideen nicht mehr möglich war. Eine Teilnahme an den Schweigekursen war daher Unterstützung und Ermunterung.

Es gab für mich keine vertikale, steile Entwicklung nach oben. Der Alltag hieß immer nur JETZT. Augenblicke der Wut und Aggression waren anzunehmen wie Trauer und körperliche Beschwerden. Es brauchte lange, bis ich meine Ungeduld überwunden hatte, meine Sucht, mich zu verbessern, loslassen konnte. Erst in solchen Momenten erfuhr ich die „Erlösung“ im SEIN, wo alles zusammenfällt, die menschliche Natur aufgehoben ist in dem EINEN.

> „Wirklichkeit offenbart sich in allem und bleibt in Wahrheit unsichtbar ... So ist die Urwirklichkeit Materie und Bewusstsein, Sichtbares und Unsichtbares, Seiendes und Leere in einem, ist Nicht-Zwei.“
>
> Willigis Jäger in „Suche nach der Wahrheit“, S. 141.

Ich sehnte mich nach dauerndem Frieden, wollte aus dem Gefängnis meiner Gewohnheiten und Vorstellungen, dem ganzen „Kram“ übernommener mentaler Strukturen heraus, und genau dieses Wollen bestärkte natürlich mein Ego. Ich fühlte mich „hilflos“ einem Verwandlungsprozess ausgesetzt, indem ich nichts, aber rein gar nichts „machen“ konnte. Der spirituelle Übungsweg entpuppte sich immer mehr als ein Paradoxon. Ich hatte mich täglich für die „Urwirklichkeit Gott“ zu öffnen, eine unwissbare Wirklichkeit, und konnte nur passiv geschehen lassen, was im jeweiligen Moment geschehen sollte. Das heißt, einfach genau die Arbeit tun, die zu erledigen ist, ohne Bewertung, ohne persönliche Identifikation. Die ganzen Rollen unseres Ichs sind illusorisch, und trotzdem müssen wir mit beiden Füßen auf der Erde bleiben. „Ein mystischer Übungsweg, der nicht in den Alltag führt, ist ein Irrweg“, betonte Willigis immer wieder. Das bedeutete, immer wieder einverstanden zu sein mit der individuellen Form und mit dem Alltag, wie es dieser individuellen Form bestimmt ist. Alle Erfahrungen, mögen sie noch so „lichtvoll“ sein, müssen wieder losgelassen werden, nur so ist lebendiges Fließen möglich.

Jeder Tag war wirklich neu. Was vorgestern noch wichtig war, hatte vielleicht heute jede Bedeutung verloren. Diese innere Erkenntnis ließ sich durch mich nur realisieren, indem ich keine festen Verabredungen mehr traf. Ein schier unmögliches Unterfangen in einer Zeit, in der sich Menschen schon auf Monate „festlegen“ und vor lauter Terminen keine Zeit für spontanes Zusammensein übrig blieb. So hieß die folgerichtige Lektion: gegen den Strom schwimmen. Das wurde zwar von den meisten Bekannten als erstrebenswert erkannt, sie folgten dann aber doch lieber dem bequemen allgemeinen Verhalten. Dies soll kein Urteil sein. Aber wie viel langjährige Bekanntschaften werden aus Trägheit und der Sucht, irgendwo fest dazuzugehören, aufrecht erhalten, obwohl sie nicht wirklich lebendig sind? Natürlich wurde meine Teilnahme an den Schweigekursen auch als Sucht bezeichnet. Aber die ständige Übung der Achtsamkeit ließ mich meine Abhängigkeiten gerade sehr gut erkennen, und nur im Lichte dieser Erkenntnis konnte ich mich überhaupt erst entscheiden, was den Prozess der Selbsterkenntnis förderte oder eher behinderte. Es hat mich zunächst traurig gemacht, dieses Unverständnis vertrauter Menschen. Aber DAS, was ich suchte oder mich suchte, trug mich durch Zeiten der Einsamkeit, und vor allem lernte ich zu schweigen und niemanden zu überreden, auch einen solchen spirituellen Weg zu gehen.

„Unser Üben sollte uns zur Erkenntnis führen, dass alles Festhalten, auch unser Festhalten an liebgewordenen religiösen Vorstellungen, sogar an Wünschen nach einer bestimmten Form von Erleuchtung, der Bereitschaft zum Wandel zuwiderläuft. Ständig kollidiert unser Ich mit dem, was wirklich ist."

Willigis Jäger

Noch immer litt ich unter dem mir beigebrachten „fernen" Gott. Nach einem Gespräch mit Willigis besuchte ich jetzt seine Zen-Kurse. Im Zen gibt es den Gottesbegriff nicht, und ich erhoffte mir Abstand von meinen tiefsitzenden Gottesvorstellungen. „Wer bin ich?", war die zentrale Frage meines Lebens, und sie konnte doch vom Verstand nicht beantwortet werden. Ich sehnte mich nach Ganzheit. Einer Ganzheit, frei von irgendwelchen Dogmen, frei selbst von äußeren Autoritäten, die mir wieder vorschrieben, wie ich zu sein hatte.

Ich hatte aber sehr tiefes Vertrauen in meinen Lehrer und erlebte immer wieder im Gespräch, dass er nie versuchte, mich in die eine oder andere Richtung zu manipulieren. Das war für mich nicht nur sehr wichtig, sondern ermöglichte einen Raum des offenen Vertrauens, wo dann Verstehen geschah.

Achtsamkeit, Achtsamkeit, Achtsamkeit. Es will ständig geübt sein, nicht nur im Zeitraum auf dem Kissen. Sitzen, gehen, arbeiten, essen, ruhen, alles ist gleichwertig, nichts ist besser oder geringer. Zweifellos ist es einfacher, im geschützten Raum eines Meditationssaales die feine Energie des Gewahrsams zu spüren als in der Hektik des Berufslebens und dem ständigen Auf und Ab menschlicher Beziehungen. Aber auch die Verhaftung an das Kissen muss aufgegeben werden. Für mich war das Kissen der vertrauteste Ort. Es bekam alle meine sich ständig verändernden Gedanken und Gefühle mit und blieb doch immer das „stille Kissen“ ohne Urteile, das mich trug. Dankbarkeit kommt auf. Aber jede Technik ist nur eine Technik und nicht mehr. Manche Sitzperiode verbrachte ich damit, möglichst exakt und gerade zu sitzen. So wichtig das auch ist, ich fixierte mich dadurch aber auf der Körperebene, was weder gut noch schlecht ist und dennoch eine Möglichkeit für mein „Ich“ ist, sich festzuhalten.

Ist die „Ewige Wahrheit“ abhängig vom Sitzen? Nein, Wahrheit ist immer da. Sie braucht eigentlich keine äußeren Strukturen, auch wenn sie Möglichkeiten der transpersonalen Öffnung darstellen. Alle technischen Hilfen sind lediglich Boote, die uns zum anderen Ufer bringen sollen, um dann losgelassen zu werden. Ständig sprach Willigis von dem so nötigen Loslassen, und dadurch erfuhr ich mich mehr und mehr als einen lebendigen Prozess der Aufmerksamkeit. Die Zellen in meinem Körper verändern sich ständig, das Blut zirkuliert, Atmung findet statt, der ganze biophysische Prozess ist ständige Veränderung, einschließlich der Gedanken und Emotionen. Das, was ich bisher als „Ich“ bezeichnete, ist daher nichts Statisches und aus der Sicht der „Urwirklichkeit“ zudem Illusion. Der im Zen oft zitierte Tod auf dem Kissen ist die Erfahrung, dass ich nicht der Körper bin. Der Körper mit all seinen Funktionen ist in diesem umfassenden Bewusstsein ein zeitlich begrenztes psycho-physisches Konglomerat.

In der Achtsamkeit wirklich anwesend zu sein bedeutete oft eben voller Verwirrung, voller Angst zu sein, sie zu erleben und auch wieder gehen zu lassen. „Nimm alles an, ohne zu urteilen" – Willigis Worte waren oft der Wegweiser in solchen Momenten.

Beziehung zur „Unendlichkeit" aufzunehmen hieß für mich, in einem Zustand von Nichtwissen zu leben. Ganz in diesem JETZT, durch dieses JETZT zu leben hieß, alles zu wissen, nichts zu wissen. Es lässt sich nur so paradox ausdrücken. Alle alten Verletzungen wurden sichtbar, da half kein Wegschauen, sondern nur ein achtsames Dasein für alle Schmerzen, für alles Bedrohliche. Alles durfte sein, und doch war da die tragende Energie des Gewahrsams, frei von jeder Angst.

Da war die geheimnisvolle Kraft, die mich trug, und gleichzeitig erlebte ich mich als sehr offen und ungeschützt auf der psychischen Ebene. Anscheinend kann das Gehirn nicht unterscheiden zwischen dem vernünftigen Schutz des Organismus vor physischen Verletzungen und Bedrohungen und den Schutzmauern, die alte Erinnerungen in meiner Psyche aufbauten. Durch die Übung der Achtsamkeit wurde ich nicht nur durchsichtiger für das Erkennen meiner eigenen psychischen Struktur, sondern ich war auch offener in der Wahrnehmung anderer Menschen. Immer neue Barrieren von Abwehr und Projektion mussten durchschritten werden, was oft mit Unsicherheit und Angst verbunden war. Aber nur so erschloss sich mir tiefes Vertrauen in das Leben. Ich konnte meine eigene Verletzbarkeit immer besser ohne Bewertung annehmen und musste nicht mehr nach „Schuldigen" im Äußeren suchen. Diese höhere Einsicht erlaubte mir schließlich, auch die Beziehung zu meinem Mann anders zu sehen. Wir beide leben aus dieser „mysteriösen Wahrheit" des Lebens, auch und gerade dann, wenn gegenseitige Unsicherheiten im JETZT immer wieder schmerzlich zu akzeptieren waren. Ich sah immer seltener Gründe, mich verteidigen zu müssen, eigene Standpunkte einseitig zu vertreten, und erlebte mich dadurch viel lebendiger. Jeder Augenblick war ganz neu. Selbst in so „banalen“ Tätigkeiten wie Bügeln oder einen Raum aufräumen offenbarte sich diese lebendige Präsenz und Freude.

Erfahrung jenseits des Körpers

Einmal habe ich mir bei einem Sturz auf einem Segelboot mehrere Rippen gebrochen. Jeder Atemzug war sehr schmerzvoll, und bestimmte Bewegungen, wie das Aufrichten vom Liegen, vertieften diese Pein. Der behandelnde Kollege verschrieb mir ein starkes Mittel gegen diese Schmerzen. Als ich die erste Tablette eingenommen hatte, erlebte ich zwar eine deutliche Reduzierung der Schmerzen, aber ich „befand" mich irgendwie in einem grauen, chemisch veränderten psychischen Raum, wo alles öde und leblos wirkte. Also nahm ich keine weiteren Tabletten mehr ein. Statt dessen war ich ganz präsent beim Atem. Ich hatte keinerlei Erwartungen, empfand bewusst den Schmerz, mal stärker, mal schwächer. „Ich" war dieser rhythmische Schmerz, da war kein Widerstand, kein Denken, und plötzlich wurde ich in einen völlig schmerzfreien „Raum" gezogen. Da war tiefe Freude, da war Licht, da gab es keinen Körper, kein isoliertes „Ich", sondern nur leuchtende Bewusstheit. Ich weiß nicht, wie lange das zeitlich anhielt, weil keinerlei Empfindung von Zeit da war. Dann tauchte aus dieser lichtvollen Zeitlosigkeit mein Verstand wieder auf und sagte „Du musst Schmerzen haben, schließlich hast du dir die Rippen gebrochen", und sofort schmerzte jeder Atemzug. Ich war völlig überrascht und versuchte, mir Licht und Freude vorzustellen, aber es misslang. Nichts veränderte sich. Also gab ich nach einer Weile diese Versuche auf, fühlte den Schmerz, ohne ihn weghaben zu wollen, war bewusst beim und im Atem, und plötzlich war diese lichtvolle Freude wieder da. Nirgends Schmerzen, keinerlei „Ichvorstellung", kein Körper. Das zog sich über viele Stunden hin. Mir wurde bewusst, ohne jeden Zweifel, dass das erlebte „Licht“ eine völlig andere Seinsebene war. Ich war dieses Licht, diese Freude, raumlos, zeitlos. Das war gleichzeitig mit einer starken Energie von Wärme verbunden. Diesen Prozess völliger Schmerzfreiheit konnte ich aber willentlich nicht erzeugen, erst wenn ich den eigenen Willen völlig aufgab, ereignete ES sich. ES geschah leicht und von alleine. Ich fühlte tiefe Dankbarkeit. Mein Körper, meine Psyche waren Ausdruck dieser unbegrenzten, lichtvollen Freude. Sie schienen nur auf einer anderen Schwingungsebene zu existieren, so wollte es mir erscheinen. Schmerzhafte körperliche Prozesse können unsere Lehrer sein, wenn wir sie nicht als „Feind“ ansehen, den es sofort zu bekämpfen gilt. Wir können experimentieren und der Weisheit unseres Körpers vertrauen, der uns tatsächlich auf eine andere Ebene führen kann. Die starren Grenzen zwischen physischem Körper und den psychischen Räumen gibt es nicht. Sie existieren nur in den Vorstellungen unseres Verstandes.

Ich ermutigte Patienten, ihre Krankheit anzunehmen, immer wieder einverstanden zu sein. Diejenigen, die sich auf dieses Experiment einließen, erwachten zu einem ganz anderen Selbstverständnis, und dann war ich nicht mehr die „Person im weißen Arztkittel“, sondern Begleiterin in einer wechselseitigen, sehr lebendigen Beziehung. Da war ein anderes, tieferes Vertrauen, und trotz allen Leids konnten Freude und Ermunterung wahrgenommen werden. Dafür war ich unendlich dankbar.

Zen ist keine irgendwie besondere oder verfeinerte Lebenskunst. Unsere Lehre heißt: einfach leben, immer in der Realität, in deren genauem Sinn.

Shunryu Suzuki „Zen-Geist – Anfänger-Geist“

Einerseits halfen mir das „Sitzen“ und die Übung der Achtsamkeit zu mehr Klarheit, andererseits erlebte ich mich auch immer wieder verunsichert. Ich „wollte“ so sehr das Rechte tun, spürte alte Konditionierungen, die aber nicht mehr passten. Spontanes Handeln entwickelte sich mehr und mehr, ein Handeln, das aus der Intuition erwuchs. Der Verstand wollte manches anders, nach alten vertrauten Mustern reagieren. Aber das war immer weniger möglich. Wenn ich meiner Intuition nicht folgte, erwies sich das hinterher einfach als falsch. Ich betete täglich um Führung des Heiligen Geistes, da mir mein Unvermögen, mich über mich selbst zu erheben, dem Gefängnis meines Verstandes zu entkommen, immer bewusster wurde. Es galt auch immer wieder, Ungeduld und Frustration auszuhalten.

Das Leben schenkte mir immer wieder Momente tiefen Friedens und der Freude, einer Freude, die einfach da war, völlig unabhängig von äußerem Geschehen. In solchen Augenblicken war es ganz klar, dass jede Identifizierung aufgegeben werden musste.

Einfach still sein.

Doch trotz meiner Sehnsucht, das „Absolute“ als etwas Bleibendes zu erfahren, gab es da noch Reste in meiner psychischen Struktur, unklare Ängste vor dem Mysterium des Lebens, und das hinderte mich, in den bodenlosen Abgrund zu springen. Es dauerte eine Weile, bis Klarheit entstand. Das, was ich als mein Ego identifizierte, konnte in diesem geheimnisvollen Prozess gar nichts „machen“, vielmehr galt es bei aller Verwirrung, mich ständig völlig vertrauensvoll dem zu öffnen, was sich entfalten wollte. Das Ich hatte passiv zu sein, geschehen zu lassen und doch alles ganz bewusst zu erleben. Die Schweigekurse und Vorträge meines Lehrers waren daher notwendig und stellten eine sehr große Ermunterung dar, einfach diesen unsichtbaren Weg immer weiterzugehen. In der Achtsamkeit des stillen Sitzens war es für mich leichter, alle Gegensätze meiner Psyche anzunehmen.

Die dunkle Nacht der Seele

Stückwerk ist unser Erkennen und
Stückwerk unser Prophezeien.

1. Kor. 13,99

„Die Erfahrung Gottes, der letzten Wahrheit, ist ein Innewerden, das vor allem intellektuellen Begreifen liegt." Immer wieder hörte ich diese Worte von Willigis. Ich hing immer wieder zwischen Himmel und Erde und konnte alles doch nur einfach ertragen.

Während einer Sitzperiode wurde ich dann plötzlich mit unvorstellbarem Grauen konfrontiert. Ich fühlte mich vollkommen einsam, war im Dunkel des Universums das einzige lebende Geschöpf. Da war tiefste Dunkelheit, kein Gott, kein Engel, nur dunkles Nichts. Ein bedrohliches Nichts, das nicht zu beschreiben war, weil es kein Wort dafür gibt. Ich empfand eine bodenlose Einsamkeit. Da war äußerste Verlassenheit, und darin drohte ich unterzugehen. Das Entsetzliche war, dass weder das bewusste Atmen, noch mein Übungswort halfen. „Ich" war äußerste Verlassenheit. Da gab es einen Moment, wo ich Jesus nachempfinden konnte, was er in seinem Sterbeprozess am Kreuz erlitt. Jesus sagte damals: „Mein Gott, warum hast du mich verlassen." Diese Worte stiegen in meinem Inneren auf, drückten meine Erfahrung aus. Aber da war nur Schweigen und dieses dunkle Nichts, das mich lähmte und nach Tod „schmeckte". Da war gleichzeitig Verwunderung, trotz dieser grauenvollen Erfahrung auf dem Kissen zu sitzen. Als die Glocke das Ende der Sitzperiode ankündigte, erhob sich der Körper, die Füße bewegten sich, aber dieses entsetzliche Nichts war da, oder alles ereignete sich in diesem Nichts. Ein sofortiges Gespräch mit Willigis war nicht möglich. Die Füße trugen mich auf mein Zimmer. Ich stand am offenen Fenster, irgendetwas dachte in mir „spring doch raus, dann ist diese entsetzliche Einsamkeit vorbei“, gleichzeitig hielt mich das „dunkle Nichts“ davon ab. Der Körper fror und schwitzte gleichzeitig, da war große Erschöpfung, und ich legte mich auf das Bett, unfähig, auch nur irgendetwas zu denken. In dieser Dunkelheit vernahm ich auf der inneren Ebene die Stimme meines Lehrers: „Nimm es an, gehe durch die Finsternis.“ Da wurde ich plötzlich in Licht getaucht, da war unvorstellbare, überfließende Liebe, tiefer, tiefer Frieden. „Ich“ war das alles. Kein Raum, kein Körper, kein Ich, sondern strahlende Liebe, unbeschreibbar.

Als ich später Willigis davon berichtete, sprach er von der dunklen Nacht der Seele, einem tiefen Reinigungsprozess, der geschieht und auszuhalten ist. Nichts Pathologisches, nichts, was vermieden werden konnte. Ich war sehr dankbar für dieses Gespräch.

Was immer auf dem Weg geschieht, es ist vollkommen in Ordnung.

Nirgends stehen bleiben, immer achtsam sein, weiter atmen. Jeder Atemzug ist ganz neu, jeder Schritt ist ganz neu. Ich durfte tief eintauchen in diese Wahrheit.

Nicht ich ging oder saß auf dem Kissen, ES ging, atmete und saß, da war nirgends Trennung, da war nur atmen, gehen und sitzen. Ein ständig sich wiederholender Prozess, und doch war alles neu und zutiefst lebendig. Überfließende Dankbarkeit ...

Die große Verlassenheit, die ich gefühlt und wahrgenommen hatte, bedeutete äußerste Gefahr für meinen Verstand. Wenn das Ego in diese Dunkelheit hineingezogen wird,

„riecht und schmeckt“ alles nach Tod. Das Grauen, vollkommen alleine zu sein, erscheint unerträglich. Der vertraute Bezugsrahmen fällt weg, der Verstand stößt an seine letzte Grenze. Und zerbricht in diesem unausweichbaren Grauen an sich selbst.

In der mentalen Stille kann sich aber DAS GANZ ANDERE überhaupt erst zeigen.

Da gab es das Erkennen, dass Dunkelheit und Licht zusammengehören und „nur“ zwei Seiten des EINEN sind. Trotzdem ist das LICHT, das sich „mir“ offenbarte, nicht vergleichbar mit dem sinnlich wahrnehmbaren Licht. Es kann auch nicht gedacht oder visualisiert werden. Es hat nichts mit dem Tageslicht, dem Licht der Sonne zu tun. Schlagartig erkannte ich, dass dieses „mystische Licht“, das allem zugrunde liegt, auch zu einer Heilung bei Krebs führen kann. Der Biophysiker Prof. Popp berichtet, dass Krebszellen unter einem Spezialmikroskop sich als sehr lichtarm darstellen. Ich habe die Vorstellung, wenn also Krebszellen mit diesem „mystischen Licht“ in Kontakt kommen, hört das chaotische Wuchern auf, weil die Zellen sich wieder in eine höhere Ordnung einfügen. Das wäre eine Erklärung für „Wunderheilungen“.

Alle Polaritäten kommen aus dem EINEN. Sich gegen den Tod aufzulehnen bedeutet daher zugleich, das Leben abzulehnen. Unsere Ratio kann das nicht begreifen, weil wir den Tod nicht verstehen. Aber auch dieses Nichtverstehen kommt aus dem EINEN.

Sich als äußerst getrennt zu erleben, verbunden mit der ganzen tiefen existentiellen Angst, war für mich der „Wendepunkt“ für umfassende, überströmende Liebe.

Wenn alles eigene Wollen aufhört, leuchtet gewissermaßen Gottes Wille auf als Urgrund und Quelle jeder

Individualität. Das ist immer wieder ein Paradoxon. Nur dann, wenn wir uns ganz diesem Göttlichen Mysterium hingeben, was gleichbedeutend ist mit der Aufgabe unseres Ego, erkennen wir die WIRKLICHKEIT. Jeder von uns IST diese WIRKLICHKEIT.

Das kleine, sterbliche Ich versinkt im Ozean des immerwährenden ICH BIN.

Nie, auch nicht eine Sekunde, sind wir getrennt von diesem „Urgrund". Willigis gebrauchte für diese Wahrheit das Bild: „Die Welle ist das Meer."

Jetzt hatte ich die Wahrheit dieser Aussage von innen erfahren, und daran gab es nicht den geringsten Zweifel. Diese Erkenntnis blüht jenseits unserer mentalen Fähigkeiten auf und ist doch zutiefst mit ihnen verbunden. Die Wahrheit kann nur individuell erfahren und ausgedrückt werden und ist daher bruchstückhaft, denn alle Worte können ES nicht wirklich beschreiben. Alle scheinbaren Gegensätze fallen in der Erfahrung des EINEN zusammen, es gibt kein außen oder innen, kein oben oder unten, weil es keinen Raum unserer Vorstellung gibt.

In der „dunklen Nacht" meiner Seele fand die Geburt in den unteilbaren, zeitlosen Geist statt. Hier sind wir alle EINS, hier gibt es kein „ich", kein „du", keine wie immer geartete Polarität, weil es nur den unvorstellbaren EINEN GEIST gibt. Aus der Klarheit dieser Erkenntnis taucht erneut die Egostruktur auf, aber die innere Sichtweise ist für immer verändert. Das Ego kann nicht erleuchtet werden, das Ego bleibt immer nur das Ego. Gedanken bleiben Gedanken, Vorstellungen sind nichts als Vorstellungen und Gefühle sind Gefühle. Alles kommt und geht auch wieder, so wie an der Oberfläche des Ozeans Wellen entstehen und wieder vergehen.

Wir:
Ein paar Seufzer
lang
Flüsse
durch Raum und Zeit.

Fülle
der Entfaltungen
wechselnde Ufer.
Lachen und Weinen
mal
wirbelnde Ekstase
dann
atemlose Stille.
            Ebbe und Flut
            Ebbe und Flut

Universen entstehen
Pulsierend
Lärmend auch
und fallen wieder
zusammen.
Alles ein bunter Reigen
auf der schillernden
Bühne der Welt.

Dramen und Lustspiele
Und wir:
Ein Fluss
durch Raum und Zeit
Und doch:
Ganz
Jenseits davon.

Prozesse der Transformation

Die weite Leere verbannt Ursache und Wirkung, doch das bringt nur Unheil und Verwirrung. Wer das Dasein zurückweist und sich an die Leere klammert, ist krank, wie einer, der ins Feuer springt, um dem Ertrinken zu entgehen.

Yoka Daishi in „Shodoka – Gesang vom Erkennen des TAO"

Als ich dachte, jetzt habe ich es „geschafft", jetzt bleibt das Leuchtende der vergangenen transformierenden Erfahrung, holten mich meine Verhaltensmuster und alten Glaubenssätze wieder ein. Es war meine völlig verzerrte Vorstellung von Erleuchtung, die mir zu schaffen machte. Ich dachte, ein erleuchteter Zustand ist völlig frei von Ärger, von jedem Hauch irgendeiner Angst und natürlich vom eigenen Wollen ...

Phasen, wo Achtsamkeit einfach geschah, wechselten sich ab mit Verwirrung und immer wieder mit der leisen Angst, dass mit mir etwas nicht stimmen könne. Ich hatte eine subtile Grenze errichtet, die ich nicht gleich durchschaute. Ich unterschied zwischen spirituell offenen Menschen und solchen, die sich nicht dafür interessierten. Auch wenn es wichtig und förderlich ist, sich mit „Gleichgesinnten" zu treffen, war es eindeutig eine Haltung und Sicht aus der üblichen Dualität des Verstandes, nur spirituell verbrämt.

Schweigekurse zu besuchen, transformierende Erfahrungen zu haben bedeutet noch lange nicht, ständig eine wertneutrale, gelassene und doch liebevolle Haltung im Alltag zu leben. So fiel es mir immer wieder schwer, mich nicht in emotionales Verhalten anderer verwickeln zu lassen, auch einmal „nein“ zu sagen, ohne eigenes schlechtes Gewissen. Der Weg der Selbsterkenntnis steht jedem Menschen offen und bedeutet nicht, ständig der seelische Mülleimer für die Probleme anderer zu sein. Je mehr ich eigene Projektionen aufgeben konnte, die Verantwortung für eigene Gedanken, Gefühle und Handlungen übernahm, achtsamer war, um so mehr konnte ich aus innerer Freiheit leben. Das bedeutete das Ende von gegenseitigen Manipulationen. Es gab Missverständnisse und Abwehr von Seiten mir nahestehender Menschen, die mein Angebot von Hilfe zur Selbsthilfe in dieser Form nicht akzeptieren konnten. Ich lernte zu meinen inneren Wahrnehmungen zu stehen, erkannte, dass ich mich mit nichts identifizieren durfte. Nur so konnte ich wirklich still sein, und ich erfuhr, wie sich WAHRHEIT, das LEBEN, nur in dieser Stille offenbarte.

Gleichzeitig wurde ich mehr und mehr unabhängig von den Urteilen anderer und hörte auch auf, mich selbst ständig zu be- und verurteilen. Welch innere Freiheit! Eine Freiheit, die das Gegenteil von Willkür ist.

Eine weitere Illusion war mein versteckter Wunsch, endgültig und für immer dem Leiden zu entrinnen. Ich wollte immer in der Freude und im Licht sein.

Ich entwickelte eine schwere Schlafstörung. Ich lag entspannt im Bett, der Körper fühlte sich warm an, ich hatte keine Sorgen, aber ich konnte nicht einschlafen. Mein Lehrer sagte, wir sollten in die Übung der Achtsamkeit gehen, wenn wir nicht einschlafen können. Das befolgte ich. Ich war morgens zwar oft körperlich sehr müde, aber ich hatte doch immer genug Energie, um alle anfallenden Arbeiten zu verrichten. Trotzdem war es eine harte Zeit. Irgendwann hatte ich mich an sehr wenig Schlaf gewöhnt. Anscheinend hatte ich das einfach zu akzeptieren und nicht durch irgendwelche Gedanken und Überlegungen zusätzlich zu belasten. Solange ich leistungsfähig war, sah ich auch keinen Grund, medizinisch einzugreifen. Mein Gedächtnis verschlechterte sich zunehmend. Ich war oft sehr zerstreut, stand in einem Laden und wusste nicht mehr, was ich eigentlich kaufen wollte. Es schien, als ob sich meine Lebensenergien ganz nach innen wenden würden. Ich hatte keine „äußeren" Interessen mehr. Alles erschien außerdem im Äußeren öde und irgendwie leblos. Ich durchlitt immer wieder Phasen von Verwirrtheit. Ich hatte nicht die geringste Ahnung, was mit mir geschah, und wusste mich doch in der Tiefe geborgen und getragen von einer „dunklen Kraft", von der alles Leben ausging. Meine psychischen Grenzen waren transparent. Ich war sehr durchlässig für feinere Energien der Wahrnehmung geworden und hatte zunehmend das Gefühl, eine Art fühlendes Wissen, dass nicht ich lebte, sondern etwas Umfassenderes, viel Größeres durch mich lebte. Als mir in der Praxis oft die gängigsten Medikamente nicht mehr einfielen, fühlte ich wieder die uralte Angst, wahnsinnig zu werden. In dieser Phase suchte ich, mehr zu meiner Beruhigung, einen Psychiater auf, der einige Tests mit mir durchführte. Er sagte: „Sie sind einfach überarbeitet. Machen Sie mal länger Pause und hören Sie mit der Meditation auf. Das weicht Ihre gesunden psychischen Grenzen auf und schadet Ihnen nur. Sie sind nicht verrückt, sondern durch die langanhaltende Schlafstörung zur Zeit einfach labil." Für meinen spirituellen Hunger hatte er nicht das geringste Verständnis.

In dieser Zeit hatte ich immer denselben Traum: Ich bewegte mich in dunklen Kellerräumen eines Hauses, wo große Unordnung herrschte. Unter all dem Gerümpel stieß ich auf eine Schachtel, die eine goldene Schale enthielt. Ich war völlig überrascht, denn sie passte so gar nicht in all das verstaubte Chaos. Im Traum staunte ich über diese wunderschöne Schale und empfand tiefe Freude. Gleichzeitig war da eine Ermunterung, die „Aufräumarbeiten“ in den Kellerräumen fortzusetzen. Ich wachte morgens mit dieser Freude und Zuversicht auf und meditierte täglich, denn die Stille, die ich da erfuhr, war lebendiges Leben. Ich „wusste“ nichts und hätte meinen Zustand nicht erklären können und wusste andererseits alles.

Allerdings setzte ich meine Praxistätigkeit für einige Zeit aus. Seit meinem 21. Lebensjahr war ich fast 40 Jahre ohne Unterbrechung ärztlich tätig. Ich war sehr dankbar für diese Zeit, aber sie schien sich dem Ende zu nähern, und alles war gut.

Ich interessierte mich schon längere Zeit für die hesychastische Form der Kontemplation. In Würzburg meldete ich mich zu einem solchen Seminar an. Außerdem war der Kursleiter ein bekannter Psychotherapeut und befasste sich unter anderem auch mit Träumen. So hoffte ich auf gute Gespräche mit ihm.

Bevor ich zu diesem Seminar fuhr, hatte ich ein Wochenende für mich alleine und konnte mich entspannen. Mein Ego, oder das, was ich dafür hielt, befand sich offensichtlich in einer schwierigen Phase. Ich war mir einer inneren Veränderung bewusst, die ich nicht einordnen konnte und die völlig jenseits meines Verstandes lag. Draußen in der Natur, in der Stille des Waldes, fühlte ich mich zutiefst geborgen, und das Leben in mir und um mich war ein einziger Lebensfluss. Nach einem Spaziergang, hörte ich Obertonmusik von Christian Bollmann und legte mich entspannt auf das Sofa. Ich geriet auf eine andere Ebene meiner Existenz. Da war ein weiter Raum, irgendwie grenzenlos, und in dieser Weite „sah“ ich meinen Vater in Begleitung eines Engels.

Er war nicht mehr so gramgebeugt wie damals im Ashram von Sai Baba, sondern stand aufrecht. Er sagte zu mir: „Bitte, vergib mir. Ich konnte dir nie zeigen, wie sehr ich dich liebte. Ich war bei deiner Geburt auch enttäuscht, dass du kein Junge warst, und war viel zu sehr mit meinen eigenen Sorgen beschäftigt.“ Ich war sehr berührt und musste intensiv weinen, während ich auf meinen Vater sah. Von dem begleitenden Engel ging ein zartrosa Licht aus, das meinen Vater und auch mich einhüllte. Wir waren beide von diesem rosa Licht durchstrahlt, und ich fühlte große Liebe für meinen Vater. „Ich liebe dich, Vater.“ Immer wieder sagte ich es, während meine Augen weiter weinten. Dann verschwand dieses „Bild“, diese Vision. Ich fühlte eine große Erleichterung, als ob etwas sehr Schweres von mir genommen worden wäre ... Mein ganzer Körper war von einer warmen, liebevollen Energie durchströmt, und der „Grauschleier“ der letzten Monate war verschwunden. Eine tiefe Wunde war ausgeheilt, und ich empfand tiefe, tiefe Dankbarkeit. Da war einfach Liebe. Ich durfte Vertrauen in die Botschaften meiner Seele haben, ich brauchte meine Angst vor dem „unbekannten Gott“ nicht festzuhalten und konnte sie loslassen, um mich fallen zu lassen in die weite Grenzenlosigkeit des Augenblicks.

Nein – für das Ego gab es keine gewohnte Sicherheit, denn es mussten alle Vorstellungen losgelassen werden. Der weglose Weg in die Freiheit geht nur über bedingungsloses Vertrauen, über totale Hingabe an die unwissbare Grenzenlosigkeit, an die nicht zu benennende Gottheit. Dies war von mir ständig zu praktizieren. Da war nur noch Dankbarkeit für alles in meinem Leben und die Menschen, die mich auf dem spirituellen Weg begleiteten.

Die hesychastische Form der Kontemplation ist ein meditativer christlicher Übungsweg, Gottes Gegenwart im eigenen Herzen zu „spüren“. Dabei wird ständig der Name Jesus Christus wiederholt. Das eigentliche Herzensgebet lautet: „Herr Jesus Christus, erbarme dich meiner.“ Der Mensch, der so betet, ist sich seiner menschlichen Begrenztheit bewusst, zugleich öffnet er sich für das Göttliche Mysterium im Hier und Jetzt.

Nach den vielen Jahren des Zazen freute ich mich, dieser „Form“ der Kontemplation begegnen zu dürfen.

Ehe ich nach Würzburg abfuhr, rief noch meine jüngere Schwester an. Sie wohnt ca. 800 km von mir entfernt. Sie wollte meinen medizinischen Rat wegen einer kleinen Blutung. Ich „sah“ sofort auf einer inneren Ebene, dass es sich um Krebs handelte, und riet zu einer umgehenden Abklärung, ohne aber meine Wahrnehmung mitzuteilen. Meine Schwester ist eine gläubige Katholikin, und ich riet ihr, Gott um Führung zu bitten. Außerdem würde ich mich nach Beendigung des Kurses, in einer Woche, bei ihr melden.

Das Schweigen in diesem Seminar berührte mich dieses Mal besonders tief. Jedes Mal, wenn der Kursleiter den Namen Jesus aussprach, öffnete sich mein Herz, und da war grenzenlose Freude. Ich war „zu Hause“ in einer Innigkeit, die mich überraschte, und doch geschah etwas, das mich zutiefst erschreckte.

Hesychastische Form der Kontemplation

Während einer Sitzperiode erschien auf einer inneren Ebene eine unglaublich strahlend helle Wesenheit, die sich mir als „Jesus“ zu erkennen gab. Jesus sagte zu mir: „Höre auf, zu mir zu beten oder mich um Gnade und Hilfe zu bitten, so wie jetzt für deine Schwester. Durch dieses Verhalten nagelst du mich jedes Mal ans Kreuz und setzt mir eine Dornenkrone auf.“ Ich erstarrte augenblicklich. Diese Aussage konnte unmöglich von Jesus stammen, es musste sich vielmehr um eine blasphemische Vorstellung meines Verstandes handeln.

Ich kehrte, fast verzweifelt, zum Atem zurück, und tatsächlich verschwand dieses innere Bild, um aber bereits nach wenigen Augenblicken mit der gleichen Aussagekraft wieder zu erscheinen. Ich war verwirrt und voller Scham. Warum musste mir das passieren? Warum gerade in diesem Kurs? Fragen ohne Antworten. Dazwischen Atmen, aber immer wieder dasselbe Bild. Schließlich berichtete ich dem Kursleiter davon, auch von der begleitenden Angst. Auch er war überrascht, schließlich ermuntert uns gerade Jesus, uns in Not an ihn zu wenden. Aber da war volles Verständnis für meine innere Not, ohne Urteil, lediglich der Rat, weiter und immer tiefer in die Übung zu gehen, mich führen zu lassen, alles einfach anzunehmen ohne Urteil. Als ich im Klostergarten spazieren ging, erkannte ich schlagartig, was mir Jesus wirklich sagen wollte. Ich hatte jeden Gedanken an ihn losgelassen und mit ihm alle Gottesbilder und religiösen Vorstellungen. Es ging um die Erfahrung Göttlicher Präsenz im eigenen Herzen, diese Präsenz ist formlos, raumlos. SIE IST – JETZT – in diesem Moment, in diesem Atemzug.

Ich fühlte unendliche Erleichterung. „Ich“ war das alles, es gab nirgends eine Trennung, da war göttliche, strahlende Präsenz, grenzenlose Weite, kein Raum, keine Zeit, kein „Ich“. Alles einfach JETZT, Fülle, Freude, überquellende Liebe, überall Liebe, jeder war Liebe. Kein Wort konnte ES beschreiben, obwohl ES ausgedrückt werden wollte, weil ES nicht verschwiegen werden konnte. Alles ein tiefes Mysterium.

Hinter der bildhaften Vision von Jesus leuchtete jetzt die Erkenntnis des „ICH BIN“. Ich hatte Jesus zu einem Objekt gemacht, zu einem göttlichen Objekt. Diese Dualität zwischen Subjekt und Objekt gibt es in Wahrheit gar nicht. Sie kommt aus dem Denken. Der Verstand denkt und schafft ständig Polaritäten.

Hinter dem Objekt und Subjekt ist „Leere“, nichts, was gedacht werden kann. Die Leere ist die Präsenz des unwissbaren Gottes. Da IST nur GOTT oder diese grenzenlose Weite und nichts anderes. Es gibt kein Ich und kein Du. Alle Vorstellungen von „ich bin dieses oder jenes“ erwiesen sich als hohl, sie waren nur Vorstellungen, ohne wirkliche Substanz, Gedanken, die aus der unendlichen Weite von Bewusstsein auftauchten, um wieder darin zu versinken.

Leere ist gleich Form. Nicht erklärbar – und doch die EINE WAHRHEIT.

Kein äußerer Lehrer, kein äußerer Gott. Kein Außen – kein Innen.

Begegnung mit „Erzengel Michael“

Ihrem Wesen nach sind Engel unsichtbar, nehmen aber aus der Atmosphäre heraus einen Körper an und erscheinen denen, zu denen sie als Boten gesandt sind, sichtbar in menschlicher Gestalt.

Hildegard von Bingen

Es ist jedes Mal ein Schock, wenn ich nach einer Woche intensiven Schweigens wieder in den Lärm einer Stadt oder den hektischen Verkehr auf der Autobahn komme. So erging es mir auch dieses Mal. Ich hatte eine ältere Frau mitgenommen, die nach dem tagelangen Schweigen nun ohne Unterbrechung sprach. Es war anstrengend. Zuhause angekommen, teilte mir mein Mann mit, meine Schwester warte auf meinen Rückruf, weil bei ihr Krebs diagnostiziert sei. Meine innere Wahrnehmung hatte sich also bestätigt. Ich wollte mich erst etwas von der Fahrt ausruhen, den Kopf leer bekommen und danach sie anrufen.

Ich legte mich auf das Bett. Zwar war ich körperlich müde, aber geistig völlig entspannt. Ich war noch im Raum des Schweigens und fühlte eine unendliche Geborgenheit und tiefen Frieden.

Plötzlich erschien auf der inneren Ebene folgendes Bild: Meine Schwester lag auf einem Operationstisch, als ein gewaltiger, ehrfurchtgebietender, strahlend heller Engel erschien. Er nannte sich „Michael“. Beide Hände umfassten ein Schwert, dessen Spitze nach oben zeigte. Mit bedächtigen Schritten betrat er den Operationssaal und stellte sich hinter den Kopf meiner liegenden Schwester. Danach kamen noch drei weitere, weiß leuchtende Engel. Einer stellte sich an die linke Seite meiner Schwester, ein anderer neben den Operateur, und der dritte neben den Anästhesisten. Es herrschte große Stille. Dann hob Erzengel Michael langsam das Schwert zum Himmel, worauf die Spitze golden erglühte, und senkte es sehr behutsam auf den Unterbauch meiner Schwester, während das goldene Licht sehr hell aufstrahlte, um den ganzen Unterbauch damit zu durchleuchten. Dann verschwand diese Vision. Ich war jetzt hellwach, fühlte mich energetisch aber sehr aufgeladen und war überglücklich. Jetzt wusste ich, was ich meiner Schwester zu sagen hatte.

Drei Tage später wurde sie operiert. Es handelte sich um ein beginnendes Karzinom, das mit der Operation geheilt war. Eine weitere Behandlung war nicht nötig.

Ich glaube an die Existenz von Engeln als kosmische Intelligenzen und auch daran, dass in jedem von uns eine Art „Membran“ vorhanden ist, die Engelbotschaften auffangen kann, denn alles ist Schwingung im ganzen Universum. Ich glaube aber auch, dass von menschlicher Seite große Achtung vor diesen kosmischen Kräften nötig ist, um das Geschenk, das sie uns geben, nicht für das eigene Ego zu missbrauchen.

Rupert Sheldrake schreibt in dem wunderbaren Buch „Engel, die kosmische Intelligenz“: „... wenn Engel Überträger von Licht sind, von Sichtbarem und Unsichtbarem, dann haben wir es mit einem gewaltigen Komplex der Strahlung zu tun, die den gesamten schöpferischen Kosmos untereinander verbindet.“ Ich habe dieses Buch nach meiner Engelerfahrung „entdeckt“ und fühlte mich so noch einmal bestätigt.

Wir sind eingebunden in diese kosmische Strahlung, auch wenn unser Wissen darüber noch sehr begrenzt ist. Aber während der Verstand Zweifel anmeldet über etwas, das er nicht verstehen kann, „weiß“ das vertrauensvolle, offene menschliche Herz um die verborgene Wahrheit.

Menschen mit Antennen für das Heilige gehen allerdings mit ihren Erfahrungen des Wunderbaren nicht hausieren und halten auch keine teuren Engelkurse ab.

Erzengel Michael ist für mich ein Prinzip Göttlichen Lichts. Ein Licht, das immer auch eigene Dunkelheit erhellt, Schatten, die es anzuschauen gilt. Ich bete seit langem um das „Licht der Erkenntnis“, und vielleicht befinde ich mich deswegen im Strahlungsbereich dieses ehrfurchtgebietenden Engels. Aber das sind bereits wieder Gedanken, und sie gehören einer anderen Ebene an.

Leider ebbten aber die „lichtvolle Energie“ und die ungeheure Ermunterung, die mit dieser Engelerfahrung verbunden war, auch wieder ab. Der Alltag mit seinen ganz gewöhnlichen Anforderungen und Pflichten „verdrängte“ und überlagerte dieses Erlebnis.

Im Zen lernte ich andererseits, gerade dem ganz und gar gewöhnlichen und unauffälligen Alltag mit großer Achtsamkeit zu begegnen. Ich erfuhr, wie existentiell wichtig es ist, ständig ganz bei der jeweiligen Tätigkeit oder in den Ruhepausen „präsent“ zu sein, ohne zu urteilen, ohne etwas verändern zu wollen. Das hört sich nach passivem Dahintreiben an, ist aber das genaue Gegenteil. Im jeweiligen Moment bewusst zu sein führt zur Klarheit der eigenen Handlung und zur Verantwortung.

Das Chaos, das ich draußen in der Welt beobachtete, befand sich in meinem eigenen Inneren.

Mein „Ego“ war nicht immer einverstanden und begehrte in unangenehmen Situationen auf, „wollte“ Veränderungen. Krankheiten, soziale Not, Einsamkeit und vieles mehr wollen erst einmal durchlitten sein, dann erst taucht „das Licht in der Finsternis“ auf. Das bedeutet zu helfen, wo ich helfen konnte, aber auch, selbst Hilfe anzunehmen. Das Leben in Achtsamkeit erwies sich immer mehr als ein Prozess des Gebens und Nehmens. Irgendetwas geschah mit mir, und mein Verstand konnte es nicht erklären.

„Wer bin ich?“ war die zentrale Frage, aber die Antwort darauf konnte nicht gedacht werden. Dieser ständig sich verändernde Gedankenstrom, all die Gefühle, die kommen und gehen, der Körper, der unaufhörlich altert und seinem physischen Ende entgegenlebt, ist das alles „Ich“? Die leise Stimme im Inneren: „Höre auf, dich damit zu identifizieren. Alles Sichtbare ist der Ausdruck des Göttlich Unsichtbaren.“

Zerbrechen aller persönlichen Ich-Vorstellungen

Eines Sonntags wollte ich eine Bekannte besuchen, die ca. 15 km entfernt in einer anderen Stadt lebt. Ich setzte mich in mein Auto und fuhr auf die Autobahn. Es war ein sonniger Tag, ich fühlte mich gut und freute mich auf das Treffen, außerdem war mir die Stadt vertraut. Während der Fahrt geschah plötzlich etwas Unfassbares. Eine ungeheure Kraft bemächtigte sich meiner. Mir wurde bewusst, dass nicht „ich“, oder das, wofür „ich“ mich hielt, Auto fuhr. Es lässt sich nicht wirklich schildern. Hände umklammerten in Panik das Lenkrad, mein Verstand raste und baute eine riesige Angst auf, einen Unfall zu verursachen. Währenddessen lenkte diese Kraft das Auto von der Autobahn herunter auf einen großen Platz mitten in der Stadt. Sonntägliche Ruhe hüllte alles ein. Da war nur meine Panik, denn ich wusste weder den Namen, noch die Anschrift der Bekannten. Es gab keinerlei Erinnerung. Da stand ein Telefonhäuschen, aber ich erinnerte mich ja an den Namen nicht! Da war diese grauenvolle Angst, in diesem Moment wahnsinnig zu werden. Ein mir unbekannter Mann überquerte den Platz. Schon wollte ich aussteigen, um ihn um Hilfe zu bitten. Aber die „unbekannte Kraft“ hielt mich zurück, und so blieb ich einfach sitzen. Die Hände lösten sich aus der verkrampften Umklammerung des Lenkrades und lagen jetzt auf dem Schoß. Langsam beruhigte sich die Atmung. Während der nächsten Stunde, wo ein Körper „still“ im Auto saß, wo es keinerlei Erinnerung gab, weil alles Denken zum Stillstand gekommen war, gab es schließlich auch keine Ängste mehr.

Da war niemand, der oder die hätte denken oder fühlen können. Alles geschah von selbst, nichts war zu verändern, alles war genau so, wie es sein sollte. Alles war gut!

Da war nur Stille und nichts außerhalb von ihr. Alles kam aus dieser unbeschreiblichen Stille. In der Tiefe dieser STILLE stieg die Erkenntnis auf: „ICH BIN."

ICH BIN zeitlos, formlos. In der Schönheit und Freude dieser Wahrnehmung gab es keine wie auch immer geartete „Ich-Struktur". Das ICH BIN ist alles, und alles, was ist, ist ICH BIN.

Das Denken, das nur im dualen Raum stattfindet, das immer nur „ich" und „du" getrennt denken kann, dieses Denken ist eine Illusion, weil es in Wirklichkeit nicht existiert.

ICH BIN ist völlig unpersönlich und daher: FREIHEIT.

Es gibt nichts Persönliches oder Vereinzeltes, da DAS, WAS immer IST, das ICH BIN ungeteilt IST.

Jetzt war der Körper entspannt. Aber etwas bisher „Vertrautes" fehlte, das wurde ganz klar. Alle Vorstellungen eines „Ich" waren verschwunden.

Da gab es diese Autofahrt, aber wer war es, die Auto fuhr? Das, was ich bisher als mein Ego gedacht habe, war restlos zersprungen, es „fehlte" im ICH BIN. Das ist unmöglich zu erklären, und trotzdem erkannte diese psychophysische Struktur namens Ingeborg, dass nur das Denken, die WAHRHEIT des ICH BIN verdeckte.

Alle Vorstellungen eines isolierten Ego sind nichts als Vorstellungen, Prozesse des menschlichen Verstandes, vielleicht aufblitzende „Energieteilchen" im umfassenden Ozean des ICH BIN.

Nur die Vorstellung eines getrennten „Ich“ wird geboren und stirbt daher auch.

Der physische Körper wird geboren und stirbt auch wieder. Der Körper ist „nur“ ein in Zeit und Raum erscheinendes vergängliches „Substrat“ der EINEN leuchtenden WIRKLICHKEIT.

Sich als getrenntes Ego zu denken und zu empfinden ist die einzig wirkliche Hölle, die es gibt. Denn auf diesem wahnhaften Denken basieren alle menschlichen Grausamkeiten.

Krieg und Gewalt sind das wahnsinnige Spiel von „getrennten Egos“. Dieses Spiel kann nur aufrechterhalten werden, wenn der Wahnsinn der Absonderung von DEM EINEN, von dem UNWISSBAREN NAMENLOSEN GOTT als Wahrheit missdeutet wird.

Alle Ich-Vorstellungen verhindern und verweigern die Hingabe und Auflösung in diesem undenkbaren Gott, denn alle Egos wollen selbst Macht ausüben, wollen sein wie Gott! Nur das persönliche „Ich“ will haben und bekommt doch nie genug. Nur das „persönliche Ich“ lebt in der Welt der Dualität, der Unterscheidung von gut und böse, von lebendig und tot. In der Welt der Erscheinungen gehören immer beide Pole, die Gegensätze darstellen, zusammen.

Das JETZT, das ICH BIN, ist ohne Anfang und Ende, völlig ohne Dualität. Jesus „erkannte“ sich als EINS mit dem Vater und konnte so folgerichtig sagen: „ICH BIN der Weg, die WAHRHEIT und das LEBEN.“

Paulus konnte nach seinem „Damaskuserlebnis“ nicht mehr aus seinem menschlichen Ego-Ich sprechen, sondern sagte: „... nicht mehr ich, sondern Christus in mir lebt.“ Welch eine ermutigende Aussage! Damit sagte Paulus, dass die Person Paulus nur scheinbar existent ist, denn die unsterbliche Wahrheit, die sich durch ihn ausdrückte, ist allein Christus.

Das alles offenbarte sich in diesem Autoerlebnis. ES gibt im Äußeren keinerlei Veränderungen, und doch IST alles für immer verändert.

Zum ersten Mal in meinem Leben konnte ich mir danach „gewaltlos" begegnen, ich war zutiefst einverstanden. Ich konnte eigene Grenzen der Belastbarkeit anerkennen, ohne die üblichen Verurteilungen. Wie viel Zauber ist im Alltäglichen, wenn alle Vorstellungen und Bewertungen einfach wegfallen. Das menschliche Bewusstsein ist im Raum der Dualität angesiedelt. Wir alle sind Adam, der sich mit der Gabe des Bewusstseins und der damit verbundenen Fähigkeit zu unterscheiden so sehr identifizierte, dass er darüber die „Quelle" seines Seins vergaß. Unser Verstand arbeitet so, dass er alles aufteilt, Urteile fällt, Vorlieben entwickelt usw. Das ist völlig in Ordnung für die Entwicklung menschlichen Bewusstseins. Wir haben vergessen, WER die Quelle unserer Existenz, ist und doch ist ein totales Vergessen nicht möglich. Wir können die tiefen Wunden in uns und in der ganzen Menschheit nur lösen, wenn wir uns führen lassen von DEM, was Jesus als den HEILIGEN GEIST bezeichnete.

Der Heilige Geist weht immer, auch in unserem so dunklen Zeitalter.

Bei Mätthäus 12, 24–32 lesen wir: „Jede Sünde und Lästerung wird dem Menschen vergeben werden, aber die Lästerung gegen den Geist wird nicht vergeben ... Wer etwas gegen den Heiligen Geist sagt, dem wird nicht vergeben, weder in dieser noch in der zukünftigen Welt."

Im Hier und Jetzt bin ich unendlich dankbar für diese Worte von Jesus. Ich bin sterblich im Körper und kann mich dennoch jeden Moment für die unsichtbare Präsenz des Heiligen Geistes öffnen und mich führen lassen. Wenn keinerlei persönliche Vorstellungen und Wünsche den jetzigen Augenblick überwuchern, geschieht es immer wieder, dass sich eine lebendige Präsenz offenbart, für die mir nur immer wieder das Wort Gott einfällt. Ich kann keinerlei „Wissen" von Gott mitteilen und bin doch keine Sekunde davon getrennt. Das ist das Paradoxon.

Der Zugang zur EWIGEN WAHRHEIT, zum GÖTTLICHEN GRUND erschloss sich mir nicht über oder durch meinen Verstand. Dabei geht es immer nur um Achtsamkeit im Alltag, nicht um ein weltverneinendes Abheben, nicht um irgendwelche religiös verbrämten Phantasien.

Es geht um gelebtes Vertrauen. Sich trotz bestehender Schmerzen, trotz aller Dunkelheit führen zu lassen, mehr braucht es nicht im jeweiligen Moment, und doch ist es so schwer, es immer wieder umzusetzen. Das Heilende, das Heilige lässt sich nur außerhalb aller Worte erfahren, auch wenn diese Worte uns auf die Existenz Gottes hinweisen.

Nicht du bist, der da lebt.
Denn das Geschöpf ist tot!
Das Leben, das in dir
Dich leben macht, ist Gott.

Angelus Silesius

Die „Autogeschichte", die mich lehrte, dass „mein Ich" nur eine Vorstellung meines Verstandes ist, führte eben diesen Verstand zu seiner endgültigen Grenze und erzeugte diese namenlose Angst, die sich zur Panik steigerte. Es lässt sich kaum schildern, wie sich das anfühlt, wenn das bisherige Ich-Bewusstsein völlig zerrüttet wird. Der Körper zitterte vor Angst, das Herz raste, als wollte es gleich zerspringen, und der Verstand überschlug sich im Produzieren von Horrorvorstellungen und brandmarkte diese Erfahrung des JETZT mit pathologisierenden Etiketten. Alle früheren Erfahrungen und die Begleitung von Willigis, auch wenn sie oft erst nach den Ereignissen erfolgte, halfen mir in diesem Augenblick sehr. In unserer Gesellschaft ist es ja üblich, „ungewöhnliche", das Tagesbewusstsein überschreitende Erfahrungen sofort psychologisch zu pathologisieren. Aber jedes noch so intelligente psychologische System kommt aus dem menschlichen Verstand und kann daher keine Aussage über umfassenderes Bewusstsein machen. Es sind nur wieder neue und begrenzte Versuche, Unfassbares in Begriffe zu pressen.

Jene unsichtbare Kraft, die mein „Ich" mit allen seinen Vorstellungen irgendwie „verschluckt" hatte, offenbarte sich im JETZT als große Ruhe, als unbeschreibliche Stille, die vom panischen Aufruhr des Verstandes und den damit verbundenen Gefühlen völlig unberührt blieb. DAS war das eigentliche „Wunder", diese unglaubliche Stille, dieser tiefe Friede, der alle Gedanken und Gefühle einfach „umschloss" und sanft auflöste.

Das „Ich" zu verlieren bedeutet das Ende der psychologischen Zeit. Alles ist Stille, die „Welt" existiert nicht mehr, weil das Ego nicht mehr existiert. Das große Paradoxon bestand darin, die profunde Angst, die zum Herzrasen führte, einfach auszuhalten. Es ging darum, nichts zu verändern, geschehen zu lassen, nur so konnte die Angst auch wieder „vergehen".

In diesem überwältigenden tiefen Frieden, dieser wahrhaft leuchtenden Stille, waren Gedanken einfach nur Gedanken, Gefühle nur Gefühle, der Körper nur der Körper, aber alles war durchdrungen von Stille, von unfassbarer, völlig unpersönlicher LIEBE.

Wie sollte ich einem anderen Menschen erklären: Was du siehst, das bin ich nicht, und das, was du nicht siehst, IST die gemeinsame Quelle unseres Seins?

Es kam schließlich noch zu dem vereinbarten Treffen, denn irgendwann tauchte das Gedächtnis auf, und es gab keinerlei Schwierigkeiten, das Haus der Bekannten zu finden. Darüber sprechen konnte ich damals aber nicht, ich brauchte Monate, um die Erfahrung wirklich zu integrieren.

Das innere Sehen ist nur im Jetzt möglich. Wir können es auch nicht erzwingen oder irgendwie „machen“. Wir können uns nur durch Achtsamkeit dafür öffnen. Plötzlich fiel mir die Aussage von Jesus ein: „Das Reich Gottes ist mitten unter euch.“ (Lukas 17, 20–21)

Als das Ego, das, was ich als „meine persönliche Struktur“ gedacht hatte, verschwunden war, offenbarte sich tiefe Freude inmitten panischer Angst und Körperzittern. Diese Freude war und ist grenzenlos, und sie ist jenseits von Zeit.

Für Jesus ist das Reich Gottes JETZT HIER. Ohne eigenes Zutun wurde „ich“ davon überrascht. Ich konnte die Wahrheit von innen erkennen. Jesus unterscheidet nicht. Er sagt zwar: „Mein Reich ist nicht von dieser Welt“, aber er sagt gleichzeitig „ICH BIN der WEG, die WAHRHEIT und das LEBEN“. Für mich ist es die Aufforderung, jede Identifikation mit dem Denken und religiösen Bildern aufzugeben. Gott ist vom menschlichen Verstand nicht „wissbar“. Diese tiefe „Wunde“ wird geheilt in der Erfahrung Göttlicher Präsenz.

Meister Eckehart hat das so wunderbar ausgedrückt: „Mein Auge, mit dem ich zu Gott schaue, ist das gleiche, mit dem Gott zu mir schaut.“ In diesem zeitlosen „Göttlichen Mysterium“ erfahren wir: Da sind nicht Zwei, sondern da ist einfach „Schauen“ ...

Unser aller Leben ist sehr zerbrechlich, es ist voller Leid, Krankheit und Tod. Doch das ist nur die äußere Seite des Mysteriums LEBEN. Geben wir die Fixierung an sichtbare Ereignisse auch nur einen Augenblick auf, fallen wir in den bodenlosen Grund unserer wirklichen Existenz.

Jenseits der Dualität

Im Schweigen redet es,
im Reden schweigt es.
Das große Tor der wahren Liebe steht offen:
Es kennt keine Hindernisse.
Fragt jemand: „Welche Wahrheit hast du erkannt?“
Sag ich: „Die Macht der transzendenten Weisheit.

Aus: „Shodoka – Gesang vom Erkennen des TAO“

Für mich war es nötig, mich immer wieder in die Stille zurückzuziehen. Nur so war es möglich, mich nicht in das alltägliche Chaos verwickeln zu lassen. Daher war das Haus St. Benedikt eine äußere Heimat für mich. Wenn mir andere Menschen von ihren Problemen und Leiden erzählten, konnte ich einfach zuhören, da sein, und teilte das unsichtbare JETZT wortlos mit den anderen. So entstand ein Raum tiefen Vertrauens, wo ich einfach nur der „Spiegel“ war, in dem sich ein anderer Mensch erkennen konnte. Die Übung der Achtsamkeit öffnete mich, ließ mich sensibler wahrnehmen, setzte mich aber auch Missverständnissen aus. Wenn ich nicht den Vorstellungen anderer entsprach, nicht ihre Wünsche erfüllen half, ihr Ansehen verstärkte, gab es Ärger. Auch eigene Ängste waren immer wieder anzuschauen, klangen aber sehr schnell wieder ab. In Beziehungen mit anderen Menschen wurden lang bestehende Freundschaften beendet, weil es keinen inneren Grund mehr gab, sie länger aufrechtzuerhalten. Es war keinerlei Urteil damit verbunden, aber auch kein Verlust, kein Bedauern. Es ereignete sich jeweils so, wie es sein sollte. Alles Manipulieren war zu Ende, und andere konnten mich nicht mehr für eigene Egozwecke einsetzen, indem sie mir subtile Schuldgefühle einzureden versuchten. Sie konnten mir nicht mehr vorschreiben, was ihrer Meinung nach für mich wichtig und richtig war. Schließlich handelte es sich dabei ja nur um ihre eigenen Meinungen. Das hat mit Egoismus im üblichen Sinne nichts zu tun. Ich erkannte klar und deutlich, dass das gewöhnliche Ego unfähig ist zu lieben. Wir lieben im allgemeinen einen Menschen, weil wir ihn brauchen, egal, worin diese Abhängigkeit besteht.

Liebe aber, wie sie sich mir immer wieder offenbarte, ist völlig unabhängig. Persönliche Willkür hat darin keinen Platz. Liebe ist eher wie das Sonnenlicht, das über uns alle scheint.

Die so notwendigen Rückzüge von dem geschäftigen Alltag führten aber auch in eine äußere Isolation. Der „übliche“ Partyrummel interessierte mich schon lange nicht mehr. Spontanes Treffen mit anderen Menschen war schwierig, weil sie sich lange voraus festgelegt hatten. Der Terminkalender war allgegenwärtiger Zwang. „Ich“ erlebte Einsamkeit unter den Menschen auch wenn ich alleine war. Diese „kreatürliche Einsamkeit“ galt es anzunehmen und nicht gleich durch irgendwelche Aktivitäten zu übertünchen.

Wann immer „ich“ mich vergessen habe, war da tiefe Freude und umfassende Liebe, aber es war zugleich auch immer ein umfassendes Mysterium. In dieser Spannung meines „Ich“ und des Unbenennbaren entfaltet sich das Leben, so will es mir erscheinen. Auf dieser Reise durch Zeit und Raum kann das Ego keine Kontrolle übernehmen. Vielmehr musste immer wieder der Widerstand gegen alles Unbekannte und Unvorhersehbare aufgegeben werden.

Eines Nachts erwachte ich mit sehr starken Herzschmerzen und der großen Angst, an einem Herzinfarkt zu sterben.

„Ich“ wollte aufstehen, um den Notarzt zu verständigen. Aber eine unsichtbare Kraft hielt mich im Bett fest, und ich hörte innerlich eine Stimme: „Kein Arzt kann dir helfen. Lass deine Angst vorm Tod endlich los.“ Dann stieg aus der Tiefe der Name „Christus“ auf. Ich flüsterte und atmete diesen Namen, während gleichzeitig sehr starke Herzschmerzen weiterbestanden. Das Ganze zog sich etwa drei bis vier Stunden durch die Nacht hin. Ich verlor jedes Zeitgefühl, ES atmete durch mich, ES war in dem fürchterlichen Schmerz, ES klang unentwegt als „Christus“. Irgendwann klangen die Schmerzen deutlich ab, und ich schlief erschöpft ein, eingehüllt und durchdrungen vom Christusklang.

Als ich morgens erwachte, war ich völlig beschwerdefrei.

Was hatte ich zur fürchten? Es gab keine Erklärung, denn alles war Klang. Das könnte mißverständlich sein. Christus ist nichts, was vom Verstand begriffen werden könnte. Vielmehr stellte sich das Erwachen so dar, es gab nichts außer Christus. Christus ist ein Mysterium: Da war kein Ich, keine Gedanken; sie kamen erst später und legten sich wie Wolken auf dieses klare Erkennen ...

Lachen aus der Tiefe

„Auf der Suche“
Jemand beobachtete Nasrudin, wie dieser etwas
auf dem Boden suchte.
‚Was hast du verloren, Nasrudin?‘, fragte er.
‚Meinen Schlüssel‘, sagte der Mullah.
Beide lagen nun auf dem Boden und suchten ...
Nach einer Weile fragte der andere:
‚Wo hast du ihn denn eigentlich verloren?‘
‚In meinem Haus.‘
‚Aber warum suchst du ihn dann hier draußen?‘
‚Weil es hier heller ist.‘

Mullah Nasrudin

Bei den Sufis gilt Mullah Nasrudin als Meister des verborgenen Schatzes. Er drückt seine Erfahrungen der Vollkommenheit durch das Medium echten Humors aus. Er legt genau den Finger auf unsere eigene Torheit. Er präsentiert sich als „Narr“ und erlaubt uns damit, unsere eigene Narrheit zu erkennen.

Als ich obige Geschichte zum ersten Mal las, musste ich schallend lachen. Ich erkannte mich selbst als die Närrin, die ständig im Außen nach etwas suchte, was nur im eigenen Haus, im eigenen Inneren gefunden werden kann. Es gibt nichts Befreienderes, als über sich selbst zu lachen.

Ich bin tatsächlich dieser Nasrudin.

Wie ver-ZWEI-felt habe ich die längste Zeit meines Lebens nach Gott gesucht! Je mehr ich suchte, um so weiter schien sich Gott zu entfernen. Dann entdeckte ich Zen und die

Möglichkeit, der Wahrheit näher zu kommen. Aus heutiger Sicht würde ich aber lieber sagen, Zen entdeckte mich Siebzehn Jahre lang glaubte mein Ego, sich verwandeln zu können, denn die alten Zen-Lehrer sprechen davon, dass wir Erleuchtung irgendwann auf dem steinigen Pfad der Selbsterkenntnis erlangen können. Es wird zwar vom weglosen Weg gesprochen, gleichzeitig wird das Ego in subtiler Weise gestärkt, schließlich geht es jetzt einen spirituellen Weg, was immer das auch sein mag. Es geht darum, Erleuchtung zu erlangen. Genau das ist Illusion!

Ich möchte nicht bezweifeln, dass die Teilnahme an den vielen Sesshins mich nicht durchlässig gemacht hätte für DAS, WAS mir das LEBEN als ERKENNTNIS schenkte. Es geht überhaupt nicht um eine Beurteilung. Aber alle spirituellen Übungswege sind nur der „Finger, der auf den Mond zeigt“, es sind Systeme, die zu einem bestimmten Zeitpunkt sogar hinderlich sein können. Willigis betont das immer wieder.

Die WAHRHEIT, das KÖNIGREICH GOTTES ist JETZT, in diesem Augenblick. Es gibt nichts, was wir dafür „tun“ können, weil wir ES schon sind.

DAS, GOTT, war und ist immer schon da. Vor lauter leidenschaftlicher Suche habe ich ES nicht gesehen.

Alles offenbart sich zur rechten Zeit, denn der rechte Moment, Zeitlosigkeit zu erkennen, IST IMMER JETZT.

„Gott ist Geist, und alle, die ihn anbeten, müssten IHN im Geiste und der Wahrheit anbeten“, sagt uns Jesus bei Johannes 4,24.

DAS ist vom Verstand überhaupt nicht zu begreifen.

Als Jesus sich als immerwährende Wahrheit erkannte, war er „nur“ noch der äußeren Form nach Jesus, er identifizierte sich nicht mehr damit, und so konnte Gott als Christus durch ihn sprechen.

Christus ist für mich umfassende göttliche Bewusstheit, die alles einschließt und doch Raum für andere Namen lässt. Die Unermesslichkeit Gottes bedient sich aller Formen.

„Mit welchem Namen soll ich Dich anrufen, der Du über allen Namen bist?“ schrieb schon Gregor von Nyssa.

Da sich in der Welt der Formen alles ständig ändert, kann es keinen „festen“ Ort für die Wahrheit geben.

Die Wahrheit ist der unbekannte, namenlose GOTT ohne Zweites, es existiert nur Gott.

GOTT ist die allgegenwärtige Wahrheit und unsichtbare Matrix alles Sichtbaren und Unsichtbaren, denn BEIDE sind untrennbar miteinander „verwoben“.

JETZT ist erlebte Zeitlosigkeit.

Meine „äußere“ Suche war in jenem Augenblick zu Ende, als alle meine Ichvorstellungen zerbrachen.

Es gab und gibt niemanden mehr, der suchen sollte oder wollte, und es gab auch nichts zu suchen.

Wir brauchen keine Angst zu haben, diese Geißel unserer Gegenwart. Alles geschieht einfach im JETZT.

ICH BIN ist die einzige REALITÄT, aus sich SELBST leuchtend.

Die Suche ist zu Ende, die Reise geht weiter ...

Nachwort

Im Januar 2002 wurde meinem spirituellen Lehrer, dem Benediktinerpater und Zen-Meister Willigis Jäger, durch die Glaubenskongregation von Rom unter der Leitung von Kardinal Ratzinger ein Schreibe-, Rede- und Auftrittsverbot erteilt.

Wir alle, die wir im Hause St. Benedikt und durch die spirituelle Führung Willigis eine Art äußeres Zuhause gefunden hatten, waren empört und auch ungläubig geschockt über diese „Maßregelung“. Natürlich wurden Hunderte von Protestbriefen an den Bischof von Würzburg geschrieben, wenn auch ohne Erfolg.

Es konnte doch nicht sein, dass wieder einmal die alte erstarrte Dogmatik über erlebte Gotteserfahrung zu bestimmen hatte ... wie in all den vergangenen Jahrhunderten!

Nach einigen Monaten des Rückzugs gab Willigis Jäger am 2. 7. 2002 folgende Presseerklärung, die ich wiedergeben möchte: „Aus pastoralen Gründen und um der Menschen willen, die ich seelsorgerisch betreue, habe ich mich entschieden, trotz des römischen Verbotes meine seelsorgerliche Tätigkeit weiterzuführen. Ein Ende meiner Tätigkeit würde die Glaubwürdigkeit meiner seelsorglichen Arbeit in Frage stellen und viele Menschen ratlos zurücklassen. Mit dieser Entscheidung folge ich meinem Gewissen. Um Abt Fidelis und meine Gemeinschaft von Münsterschwarzach – die in dieser schwierigen Zeit sehr loyal zu mir standen – nicht mit den Folgen meiner Entscheidung zu belasten, verlasse ich aus freien Stücken die klösterliche Gemeinschaft und übernehme damit die Verantwortung für mein Handeln. Ich bat die Leitung der Kongregation um Exklaustration, d. h. Beurlaubung, für zwei bis drei Jahre.

Während dieser Zeit muss ich leider auf meine priesterlichen Fakultäten verzichten und außerhalb des Klosters leben ... Nicht wenige von Euch haben durch die Kurse, Vorträge und Veröffentlichungen wieder zu einem lebbaren christlichen Selbstverständnis gefunden. Dazu möchte ich weiter beitragen, um Menschen in die Erfahrung dessen zu führen, was Religionen in ihren Schriften und Riten verkünden ...“

Für mich, und ich glaube, für alle Schülerinnen und Schüler von Willigis Jäger ist das eine wunderbare Erklärung eines spirituellen Lehrers, der aus seiner authentischen Erfahrung lebt und uns alle ermutigt, aus derselben Quelle zu leben.

Ich bewundere Willigis für diesen sicher schmerzvollen Schritt.

Im Angesicht der globalen Bedrohung durch Leben vernichtende Waffensysteme, des allgemeinen Werteverfalls, der Zunahme von Gewalt auf allen Gebieten rufen alle verantwortungsvollen spirituellen Führer, egal, welcher Religion sie angehören, zur radikalen Umkehr auf. Jeder hat die Verantwortung für sich und die Umwelt zu übernehmen. Alle sind sich einig, dass wir an einer letzten Grenze angekommen sind. Anscheinend kann die nur äußere religiöse Struktur den Menschen der Gegenwart nicht wirklich zur inneren Umkehr bewegen. Ich danke nochmals meinem Lehrer Willigis Jäger und all den wunderbaren Menschen, denen ich begegnen durfte und mit denen ich die Erfahrung des EINEN teilen darf.

Der gegenwärtige Augenblick

Die Zeit gibt es nicht;
was wir „Vergangenheit“ und „Zukunft“ nennen,
hat keine Wirklichkeit
außer als von uns erdachter Begriff.
Die Idee der Zeit
ist eine Gewohnheit des Denkens und Sprechens,
eine gesellschaftliche Vereinbarung;
in Wahrheit haben wir nur diesen Augenblick.

Die Gegenwart ist eine mächt'ge Göttin

Johann Wolfgang von Goethe

Veröffentlichungen von Willigis Jäger

Willigis Jäger, Kontemplatives Beten, Vier Türme Verlag, Münsterschwarzach 1985.

Willigis Jäger, Kontemplation – Gott begegnen heute, Otto Müller-Verlag, Salzburg, Neuauflage 2002.

Willigis Jäger, Suche nach dem Sinn des Lebens, Verlag Via Nova, Petersberg 2002.

Willigis Jäger, Suche nach der Wahrheit, Wege – Hoffnungen – Lösungen, Verlag Via Nova, Petersberg 2000.

Willigis Jäger, Geh den inneren Weg, Verlag Herder, Freiburg, 2. Auflage 1999.

Willigis Jäger, Die Welle ist das Meer", Verlag Herder, Freiburg 2000.

Willigis Jäger, Wohin unsere Sehnsucht führt, Verlag Via Nova, Petersberg 2003.

W. Jäger, Beatrice Grimm, Der Himmel in dir, Kösel Verlag, München 2000.

Kursangebote und Vorträge von Willigis Jäger sind zu erfragen über:

Büro Willigis Jäger, St. Benediktstr. 4, D 97072 Würzburg,

Tel.: 09 31/3 29 11 98
Fax: 09 31/30 41 93 78
E-Mail: buero@spirituelle-wege.de
Internet: www.spirituelle-wege.de

Weitere Bücher aus dem Verlag Via Nova:

Wohin unsere Sehnsucht führt

Mystik im 21. Jahrhundert
Ansprachen, Predigten, Inspirationen

Willigis Jäger

328 Seiten, Paperback – ISBN 3-936486-21-2

Der bekannte Benediktinerpater und Zen-Meister Willigis Jäger legt eine Sammlung von Texten vor, die um einen einzigen Themenkomplex kreisen: das Göttliche und den Menschen in seinem Verhältnis zum Göttlichen. Um diese mystische Erfahrung dem Leser nahe zu bringen, macht der Verfasser immer wieder deutlich, dass Jesus die Menschen in diese Fülle des Lebens führen wollte. Er interpretiert die biblischen Aussagen unter diesem Gesichtspunkt völlig neu und vermittelt damit den suchenden Menschen unserer Zeit, die sich von den traditionellen Glaubenslehren nicht mehr genügend angesprochen fühlen, tiefere Einsichten und neue Perspektiven von Gott, Religion und Welt. Gleichzeitig werden aus der mystischen Tiefe kommende Anweisungen und Lebenshilfen für die Bewältigung des Alltags gegeben. Willigis Jäger formuliert das, was er seinen Kursteilnehmern und den Lesern als Wegbegleitung auf dem Weg nach innen zu sagen hat, in einfachen Worten, kurzen, klar verständlichen Sätzen ohne jeden rhetorischen Schmuck.

Suche nach dem Sinn des Lebens

Willigis Jäger

272 Seiten, Paperback, Award-Preis in den USA
ISBN 3-928632-03-5

6. Auflage

Alle wichtigen Themen des spirituellen Lebens werden von dem Zenmeister Pater Willigis Jäger in diesem Buch grundlegend behandelt und in Bezug gesetzt zur christlichen Mystik, aber auch zu den großen Traditionen der esoterischen Wege anderer Religionen, zu den Ergebnissen moderner Naturwissenschaft und zu den Erkenntnissen der transpersonalen Psychologie. Die psychologischen Aspekte des inneren Weges, seine Tiefenstrukturen und Stadien, der Umgang mit den Gefühlen und die Verwandlung des Schattens werden eingehend beschrieben. In diesem Buch geht es um den inneren Weg der christlichen Religion, um einen Bewusstseinswandel in der Gleichgestaltung mit Christus, um eine neue – von innen geprägte – Ethik, die Verantwortung für die Mitwelt übernimmt. Das Buch befreit zu einem sinnerfüllten Leben; motiviert, den inneren Weg zu gehen, provoziert zu einem neuen Denken und Handeln und tröstet in dunklen Stunden.

Suche nach der Wahrheit

Wege – Hoffnungen – Lösungen

Willigis Jäger

3. Auflage

232 Seiten, Broschur – ISBN 3-928632-41-8

Spirituelle Weisungen aus der Sicht des Mystikers

Wer bin ich? Woher komme ich? Warum bin ich? Welcher Weg führt zur Wahrheit? Welches Leben eröffnet Sinn? Nur in der Tiefe unseres Seins gibt es eine wahre Antwort auf diese bohrenden Fragen. Um sich dieser Wahrheit zu nähern, wurde dieses Buch geschrieben. Der Verfasser begleitet den Leser auf der Suche nach der Wahrheit. Alle wichtigen Themen des spirituellen Lebens werden behandelt und zur christlichen Mystik, zu den Erkenntnissen der Naturwissenschaften und der Transpersonalen Psychologie in Bezug gesetzt. Ein spiritueller Meister unserer Zeit hat den Mut, grundlegende Glaubensinhalte des Christentums aus der Sicht des Mystikers neu zu interpretieren. Er will die Erkenntnis vermitteln, dass allein die religiöse Erfahrung zu den Quellen der Religion führen und so mithelfen kann, dass das kommende „Jahrhundert der Metaphysik“ für alle Religionen eine Zeit der Regeneration wird.

Kreative Wunscherfüllung

Die kosmischen und irdischen Gesetze des Wünschens

Hans Vater

256 Seiten, Hardcover – ISBN 3-936486-16-6

Wunscherfüllung ist kein Luxus. Denn unerfüllte Wünsche halten uns fest; erfüllte Wünsche dagegen machen uns frei, voranzuschreiten zu neuen und beglückenderen Stufen des Lebens. Hans Vaters praktisches und zugleich tiefgründiges Weisheitsbuch gibt die Methoden und Techniken an die Hand, unsere Wünsche zu verwirklichen. Es analysiert eingehend die Gesetze und Prinzipien, die hinter den einzelnen Wunschtechniken stehen und die sie wirksam machen. Diese Gesetze sind die Regeln des großen kosmischen Schöpfungsspiels, welches wir in Gottes Auftrag mitgestalten und dessen Ziel es ist, uns zu der Einheit zurückzuführen, die wir in Wahrheit nie verlassen haben. Das Buch zeigt uns, wie wir durch die Anwendung der mächtigen Seinsgesetze unser Leben gesünder, glücklicher und erfolgreicher gestalten können. Das Verständnis dieser Gesetze hinterlässt beim Leser ein tiefes Gefühl der Geborgenheit und des Vertrauens in ein geordnetes und liebevolles Universum.

HOLOS – die Welt der neuen Wissenschaften

Ervin Laszlo

208 Seiten, Hardcover – ISBN 3-928632-94-9

In den Wissenschaften findet eine Revolution statt. Es ist keine technologische Revolution – es ist eine Revolution des Weltbildes. Prof. Laszlo verfolgt diese Entwicklung und macht sie jedem zugänglich, der an den neuesten Erkenntnissen darüber teilhaben möchte, wer und was wir sind, was die Welt ist, die uns umgibt, und auf welche Weise wir in Beziehung zueinander und zu dieser Welt stehen. Zunächst unternimmt der Leser eine faszinierende Reise durch die neuen Wissenschaften. Er erfährt in einfacher Sprache, was Wissenschaftler bereits wissen und vor welchen Rätseln sie im Hinblick auf den Kosmos, das Quantum, den lebenden Organismus und das menschliche Bewusstsein immer noch stehen. Dann erforscht der Verfasser diese Welt, indem er Fragen stellt, auf die er nun zuversichtliche, wenn auch überraschende Antworten geben kann – Fragen, bei denen es um Ursprünge und Bestimmung des Universums und um Ursprung und Evolution des Lebens und des Bewusstseins geht –, um dann die größten der „großen Fragen“ zu stellen: Fragen der Unsterblichkeit, zum Bewusstsein im Kosmos und zu einem Bewusstsein, das eine wissenschaftlich basierte Schau als den Geist Gottes erfassen kann.

You can change the world

Wie kann ich die Welt verändern?

Anleitung zum persönlichen Handeln

Ervin Laszlo

160 Seiten, Hardcover – ISBN 3-936486-23-9

Mit diesem Buch will Ervin Laszlo als Präsident des Club of Budapest einen praktischen Leitfaden anbieten für alle jene Menschen, die einen ganz persönlichen Beitrag zu einer besseren Welt leisten möchten. Es ist ein Leitfaden, der das Denken und Handeln miteinander verbindet. Er reicht von der Frage, welche ethischen Werte der Realität einer zusammengewachsenen Menschheit gerecht werden können, bis zu der Frage, mit welchen Gedanken, Haltungen und Handlungen wir zu aktiven und wirkungsvollen Mitgestaltern unseres gemeinsamen Schicksals auf dieser einen Erde werden können. Ein im doppelten Wortsinne notwendiger und überaus ermutigender Leitfaden aus der Ohnmacht heraus. Im Anhang finden sich ferner die beiden vielleicht wichtigsten Ethik-Dokumente der Gegenwart: die Erd-Charta sowie die Weltethos-Erklärung. „Lesen Sie dieses Buch und denken Sie darüber nach. Dies ist wichtig für Sie, für Ihre Familie, für Ihre Kinder und Enkel, für Ihre Freunde, für jeden um Sie herum.” Michail Gorbatschow

Verwandle Mißerfolg in Erfolg

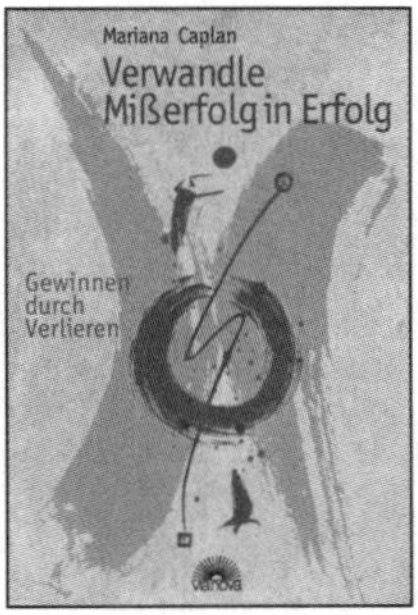

Gewinnen durch Verlieren

Mariana Caplan

168 Seiten, Paperback – ISBN 3-936486-17-4

Was geschieht, wenn alle unsere vermeintlichen Götter – Glück, Gesundheit und Liebe – uns im Stich lassen? Genau dann entsteht das Potenzial für eine klarsichtige Bewusstheit, die zu wahrer Erkenntnis der Realität, zu nie dagewesenem Wachstum und zu radikaler Transformation führen kann. Das ist die Lehre, die Mariana Caplan dem Leser in diesem Buch vermitteln will. Auf anschauliche und spannende Weise beschreibt sie, wie man durch Misserfolge und den Verlust vermeintlich wichtiger Dinge zu der Erkenntnis gelangt, dass authentischer Erfolg nicht an materiellen Dingen, Vorstellungen oder Erwartungen, sondern an der Qualität unseres Menschlichseins und unseres Daseins gemessen wird. Der Schriftsteller Joseph Chilton Pearce bezeichnet das Buch als „ein Werk voll zarter Weisheit, echter Führung und mitfühlender Richtungsweisung".

Auf halbem Weg zum Gipfel der Erleuchtung

Die Gefahren und Irrtümer verfrühter Ansprüche, erleuchtet zu sein.

Mariana Caplan

272 Seiten, Paperback – ISBN 3-928632-95-7

Welches sind die Maßstäbe für Erleuchtung? Werden wir jemals ganz oben auf dem Gipfel ankommen? Welche Fallen und Krisen erwarten uns auf dem Weg zum Gipfel? Diesen und vielen anderen Fragen ist Mariana Caplan in dem vorliegenden Buch nachgegangen. Zu diesem Zweck studierte sie die Schriften berühmter spiritueller Lehrer aus allen Epochen, unter ihnen Johannes vom Kreuz, Carlos Castaneda, Chogyam Trungpa und viele andere. Des weiteren führte sie viele persönliche Interviews mit bekannten spirituellen Meistern unserer heutigen Zeit. Dieses Buch beschreibt offen alle Fallgruben und Hindernisse, die dem Menschen auf seinem spirituellen Weg begegnen können. Es zeigt uns, wie Macht und Korruption unser Ego verführen, und welche Krisen uns auf unserem Weg erwarten. Zugleich weist es aber auch Wege durch das „Minenfeld" falscher Erleuchtung und zeigt, wie man trotz aller Gefahren auf den richtigen Weg zurückfindet.

Die Vision vom göttlichen Menschen

Eine spirituelle Weg-Begleitung in das neue Jahrtausend

Barbara Schenkbier

424 Seiten, Paperback, 21 ganzseitige Bilder – ISBN 3-928632-68-X

Prachtband: 424 Seiten, geb., Einband Kunstleder mit Goldaufdruck,
21 ganzseitige Bilder, Zweifarbendruck – ISBN 3-928632-18-3

Das Buch ist ein umfassendes Standardwerk, das den Durchbruch einer neuen Evolutionsstufe im Bewusstsein des Menschen vorbereiten hilft. Aufbauend auf wissenschaftlichen Erkenntnissen und der mystischen Tradition aller Religionen führt es zu einem tieferen Wissen über das menschliche Bewusstsein, um dann den Weg zum göttlichen Menschen zu beleuchten. Alle wichtigen Schritte werden beschrieben, wesentliche Übungen aus einer neuen Sicht heraus dargestellt und die Transformationsstufe zu einem neuen Bewusstsein geschildert. Beim Lesen und Anwenden der beschriebenen Wahrheiten eröffnet sich dem Leser eine neue Sicht auf den Sinn des Lebens. Alle, die den geistigen Weg beschreiten, werden ihn besser verstehen, ihn bewusster, mutiger und konsequenter weitergehen. Das Buch ist aus der eigenen spirituellen Erfahrung der Autorin heraus geschrieben und eröffnet den Blick in eine Zukunft, die die evolutionäre Schöpferkraft selbst schaffen wird.

Die Kunst der Lebensfreude

Ein praktischer Weg zu mehr Lebensglück und Erfüllung

Peter Reiter

264 Seiten, Hardcover – ISBN 3-936486-19-0

Der Verfasser macht in diesem Buch dem Leser bewusst, dass Lebensfreude, Glück und Erfüllung bereits in jedem liegen, wie die mystische Philosophie sowie auch die großen Religionslehrer verkünden. Der Zustand der Freude ist kein Fernziel, kein Endzustand weniger Heiliger, Erleuchteter oder gereifter Persönlichkeiten, sondern kann von allen Menschen hier und jetzt erfahren werden, wenn sie bereit sind, sich vom selbstgeschaffenen seelischen Ballast zu befreien. Diese Lebenskunst anzuwenden, die vom Lebenskampf zur Lebensfreude führt, wird jeden freier, glücklicher und vor allem liebevoller machen. Der im Buch beschriebene Weg der Lebenskunst erfordert keine Vorbildung, ist jederzeit auf dem Weg möglich, wo immer man steht. Wenn die wenigen einfachen Regeln und Methoden dieser Kunst angewendet werden, werden Lebensaufgaben fortan mit Freude statt mit Leid ausgeführt, um geradezu „unverschämt glücklich" zu sein. Denn Glück und Unglück liegen einzig im Geist, und was ist wichtiger, als glücklich und lebensfroh zu sein?

50 Wege, loszulassen und glücklich zu sein

Wegweiser, Vergangenes loszulassen und glücklich in der Gegenwart zu leben

3. erweiterte Auflage

Chuck Spezzano

192 Seiten, Hardcover – ISBN 3-936486-20-4

Dieses Buch des weltweit bekannten Lebenslehrers Chuck Spezzano – eine erweiterte Neuauflage von „Glücklichsein ist die beste Vergeltung" – ist ein wichtiger Wegweiser für alle, die einen Ausweg aus ihrer Lebenskrise suchen, eine Veränderung in ihrem Leben herbeiführen und eine bessere und glükklichere Gegenwart und Zukunft für sich eröffnen wollen. In kurzen und einprägsamen Lektionen erklärt der Verfasser an vielen Beispielen, wie alte Muster aus der Vergangenheit unser Handeln in der Gegenwart beeinflussen, und macht deutlich, dass wir nur dann wahrhaftig glücklich sein können, wenn wir die Fähigkeit entwickeln, Vergangenes loszulassen. Die Wahrheit seiner Lehren und Prinzipien erweist sich immer wieder in ihrer praktischen Umsetzung im Alltag, ganz gleich, ob die Krise durch den Verlust einer Beziehung, den Tod eines geliebten Menschen oder den Verlust der Gesundheit oder des Arbeitsplatzes ausgelöst wurde. Dieses Buch wird zu einem Ratgeber, Lehrer und weisen Freund werden, der dem Leser jederzeit hilfreich zur Seite steht.

Kontemplation und Mystik

48 Seiten, Paperback, zwei Ausgaben: Frühjahr und Herbst

ISSN 1610-2185

Kontemplation und Mystik ist eine **Zeitschrift** zu Praxis und Theorie kontemplativen Lebens. Ihr Anliegen ist, den alten, fast vergessenen christlichen Gebetsweg der Kontemplation wieder bekannt zu machen, der in den Raum mystischer Erfahrungen führt. So möchte diese Zeitschrift all jenen als Forum dienen, die sich der mystischen Tradition verbunden fühlen und konkrete Anregungen und Impulse für den eigenen spirituellen Weg suchen. Damit dient die Zeitschrift dem Dialog sowohl innerhalb der christlichen Tradition sowie zwischen den verschiedenen mystischen Erfahrungswegen der Religionen, als auch den angrenzenden Wissensgebieten und Forschungsfeldern, insbesondere der transpersonalen Psychologie.

Die Beiträge in **„Kontemplation und Mystik"** sind aus der Erfahrung heraus für die Erfahrung transpersonaler, mystischer Bewusstseinsräume geschrieben. Sie berücksichtigen gleichermaßen die mystische Tradition sowie deren Verwirklichung im spirituellen Alltag. So ist diese Zeitschrift ein wichtiger Begleiter auf dem Weg nach innen.